德昂族是一个历史悠久、风俗奇特、文化丰富的云南省特有的少数民族，是一个"直过"民族，也是一个典型的主体在外跨境而居的民族。"昂"在德昂语里意为"岩洞"，"德"为尊称的附加语。相传，德昂族的祖先曾居住在山洞里。"德昂"这一自称，是对其先民居住岩洞历史的反映。

走近中国少数民族丛书
主编/丹珠昂奔

德昂族
De'angzu

袁丽华 王燕 著

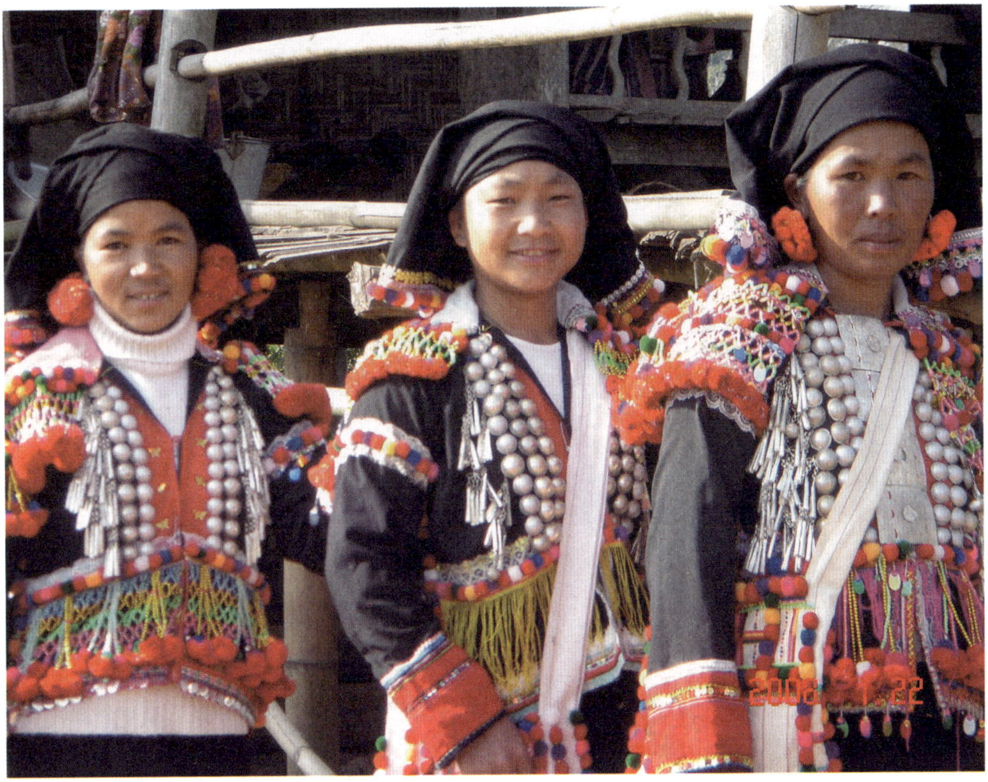

辽宁民族出版社

ⓒ 袁丽华 王燕 2014

图书在版编目（CIP）数据

德昂族/袁丽华，王燕著.—沈阳：辽宁民族出版社，2014.12（2020.5重印）

（走近中国少数民族丛书/丹珠昂奔主编）

ISBN 978-7-5497-0931-1

Ⅰ.①德… Ⅱ.①袁… ②王… Ⅲ.①德昂族—民族历史—中国 ②德昂族—民族文化—中国 Ⅳ.①K286.4

中国版本图书馆CIP数据核字（2014）第310802号

走近中国少数民族丛书·德昂族
ZOUJIN ZHONGGUO SHAOSHU MINZU CONGSHU·DE'ANGZU

丛书策划/李凤山

出版发行者：	辽宁民族出版社
地　　　址：	沈阳市和平区十一纬路25号　邮编：110003
印　刷　者：	晟德（天津）印刷有限公司
幅面尺寸：	170mm×240mm
印　　张：	10
字　　数：	140千字
出版时间：	2014年12月第1版
印刷时间：	2020年5月第2次印刷
责任编辑：	李凤山　吴昕阳
助理编辑：	李　欣
封面设计：	杜　江
责任印制：	杨　雪
责任校对：	边京爱
标准书号：	ISBN 978-7-5497-0931-1
定　　价：	38.00元

网　　址：www.lnmzcbs.com　　　邮购热线：024-23284335
淘宝网店：http：//lnmz2013.taobao.com
如有印装质量问题，请与出版社联系调换　　联系电话：024-23284340

《走近中国少数民族丛书》编辑委员会

主　编 / **丹珠昂奔**（藏族）

副主编 / **武翠英　张学进　李凤山**（蒙古族）

编　委 /（按姓氏音序排列）

　　　　巴哈提（哈萨克族）　　白庚胜（纳西族）　　白兰英（蒙古族）

　　　　陈　丹（彝族）　　　　杜　江　　　　　　黄如猛（壮族）

　　　　金顺玉（朝鲜族）　　　李　璎　　　　　　李　欣（朝鲜族）

　　　　李有明（回族）　　　　吕　怡　　　　　　莫福山（藏族）

　　　　权春哲（朝鲜族）　　　萨仁图娅（蒙古族）　佟　强（蒙古族）

　　　　吴昕阳（满族）　　　　徐　凯　　　　　　殷德俭

　　　　张学林（朝鲜族）　　　钟廷雄（壮族）　　　朱　虹（蒙古族）

《走近中国少数民族丛书》作者名录

《蒙古族》 萨仁图娅（蒙古族）

《回族》 许宪隆（回族） 张龙（汉族）

《藏族》 丹珠昂奔（藏族）

《维吾尔族》 艾克拜尔·吾拉木（维吾尔族）
　　　　　买力克·买买提（维吾尔族）
　　　　　伊利迪尔（维吾尔族）

《苗族》 石莉芸（苗族） 李云兵（苗族）

《彝族》 陈国光（彝族）

《壮族》 黄佩华（壮族）

《布依族》 周国炎（布依族）

《朝鲜族》 黄有福（朝鲜族）

《满族》 于今（满族）

《侗族》 杨筑慧（侗族）

《瑶族》 玉时阶（壮族）

《白族》 董建中（白族）

《土家族》 罗中（土家族） 罗午（土家族）

《哈尼族》 朱志民（哈尼族） 李泽然（哈尼族）

《哈萨克族》 艾克拜尔·米吉提（哈萨克族）
　　　　　　伊拉达·拉音别克（哈萨克族）

《傣族》 赵瑛（傣族）

《黎族》 罗文雄（黎族）

《傈僳族》 鲁建彪（傈僳族） 欧光明（傈僳族）

《佤族》 郭锐（佤族）

《畲族》 钟亮（畲族）

《台湾少数民族》 林华（台湾少数民族）

《拉祜族》 苏翠薇（拉祜族）

《水族》 韦学纯（水族）

《东乡族》 马兆熙（东乡族） 马自祥（东乡族）

《纳西族》 白庚胜（纳西族） 孙淑玲（汉族）
　　　　　白羲（纳西族）

《景颇族》 金黎燕（景颇族）

《柯尔克孜族》 阿地里·居玛吐尔地（柯尔克孜族）

《土族》 祁进玉（土族） 东永学（土族）

《达斡尔族》 毅松（达斡尔族）

《仫佬族》 黎学锐（仫佬族） 黎炼（仫佬族）

《羌族》 雍继荣（羌族） 罗吉华（羌族）
　　　　周发成（羌族）

《布朗族》 陶玉明（布朗族）

《撒拉族》 马成俊（撒拉族） 马建新（撒拉族）

《毛南族》 韩德明（汉族）

《仡佬族》 周小艺（仡佬族）

《锡伯族》 阿苏（锡伯族） 盛丰田（锡伯族）
　　　　　何荣伟（锡伯族）

《阿昌族》 们发延（阿昌族） 张斯齐（蒙古族）

《普米族》 朱凌飞（汉族） 杨周明（普米族）

《塔吉克族》 西仁·库尔班（塔吉克族）
　　　　　　阿力木江·西仁（塔吉克族）

《怒族》 李月英（傈僳族） 张芮婕（傈僳族）

《乌孜别克族》 古丽巴努木·克拜吐里（维吾尔族）

《俄罗斯族》 乃珂热曼·依布拉音（塔吉克族）

《鄂温克族》 黄任远（汉族） 那晓波（鄂温克族）

《德昂族》 袁丽华（汉族） 王燕（汉族）

《保安族》 马少青（保安族）

《裕固族》 董潇红（裕固族） 王政德（藏族）

《京族》 吕俊彪（汉族）

《塔塔尔族》 卡米力·库尔马尤夫（塔塔尔族）

《独龙族》 李金明（独龙族）

《鄂伦春族》 王为华（汉族）

《赫哲族》 黄任远（汉族）

《门巴族》 陈立明（汉族） 张媛（汉族）

《珞巴族》 陈立明（汉族） 李锦萍（汉族）

《基诺族》 朱映占（汉族）

总序

中国是一个统一的多民族国家。几千年来，有着悠久历史和灿烂文化的少数民族，与汉族一道，在中华大地上繁衍生息，共同开发着这块土地，建设、发展、捍卫着这个古老而伟大的国家。各民族都是兄弟，相互离不开，都是这个国家的主人。习近平总书记在第二次中央新疆工作座谈会上发表重要讲话，指出："要坚定不移坚持党的民族政策、坚持民族区域自治制度。民族团结是各族人民的生命线。要高举各民族大团结的旗帜，在各民族中牢固树立国家意识、公民意识、中华民族共同体意识，最大限度团结依靠各族群众，使每个民族、每个公民都为实现中华民族伟大复兴的中国梦贡献力量，共享祖国繁荣发展的成果。各民族要相互了解、相互尊重、相互包容、相互欣赏、相互学习、相互帮助，像石榴籽那样紧紧抱在一起。""要在各族群众中牢固树立正确的祖国观、民族观，弘扬社会主义核心价值体系和社会主义核心价值观，增强各族群众对伟大祖国的认同、对中华民族的认同、对中华文化的认同、对中国特色社会主义道路的认同。"因此，坚持平等、团结、互助、和谐的社会主义民族关系，不断增进了解，深化友谊，建立牢不可破的感情基础，是中国社会转型期、改革攻坚期、矛盾多发期保持社会稳定、发展的基本要求，也是实现中华民族伟大复兴的中国梦的基本要求。

为了进一步宣传我国少数民族的历史文化和民族风情，增强对少数民族的认识，宣传党的民族政策和方针，加深对党的民族政策的理解，加强各民族之间的了解与沟通，让读者了解少数民族，中华人民共和国国家民族事务委员会文化宣传司和辽宁民族出版社共同组织了《走近中国少数民族丛书》。

《走近中国少数民族丛书》的编写有以下三个特点：第一，采用图文并茂的形式、鲜活生动的语言、特色浓郁的图片与丰富的民族常识链接，向读者展示我国55个少数民族的历史渊源、民族变迁、社会生活、文化艺术、风俗习惯、历史人物和民族区域自治政策的伟大实践。第二，作者多为本民族的专家学者和与民族研究工作相关的专家学者，对自己撰述的对象既有深厚的知识积累，也有真挚的情感。第三，内容彰显了历史与现实、民族文化与地域文化、民族区域自治地方与散杂居地区少数民族生产生活的多彩画卷和轨迹，引导读者走近少数民族，聆听他们的古老传说，感受他们的发展变化，加深彼此的沟通和了解。这套《走近中国少数民族丛书》是面向民族干部和各级干部通览我国少数民族概况的普及读本，也是图书馆的必备藏书。

《走近中国少数民族丛书》所揭示的每一个民族的历史，都承载着这个民族的文化，也承载着这个民族的发展和未来。中华大地孕育的55个少数民族多彩斑斓的民族文化，同汉族文化一道从远古走到今天，汇入了中华文化壮阔的历史长河。"共同团结奋斗，共同繁荣发展"，保护、传承和弘扬少数民族优秀文化，不仅是推动我国民族团结进步事业的重要内容，也是构建和谐社会、实现中华民族伟大复兴的中国梦的重要使命。期待通过《走近中国少数民族丛书》，使广大读者徜徉于少数民族多彩风情的同时，更加深刻地了解和认知中华民族多元一体的文化内涵，感受中华民族悠久历史的深远与厚重。

丹珠昂奔

2014年6月26日

前言

德昂族 古老的世居农耕民族

德昂族是一个历史悠久、风俗奇特、文化丰富的云南省特有的少数民族，是一个"直过"民族，也是一个典型的主体在外跨境而居的民族。"昂"在德昂语里意为"岩洞"，"德"为尊称的附加语。相传，德昂族的祖先曾居住在山洞里。"德昂"这一自称，是对其先民居住岩洞历史的反映。

据第六次全国人口普查，云南省共有德昂族20 188人，他们以"大分散小聚居"的形态分布在云南省西部边境地区的十余个县市之中，主要居住在德宏傣族景颇族自治州的潞西、梁河、盈江、瑞丽、陇川各县，临沧市的镇康、耿马、永德等县，以及保山市的隆阳区。潞西市的三台山德昂族乡和镇康县军弄乡是中国德昂族比较集中的聚居区，其他则与景颇、佤、傣、汉等民族分寨而居，有少数村寨间杂在坝区的傣族村落。德昂族的民族人口主体在缅甸，据20世纪末在缅甸的调查，缅甸的德昂族人口当时就有70万人以上。德昂（崩龙）族最大的聚居区是缅甸北部，其居住区几乎就是沿着与滇西边境接壤的地区向西和南部延伸，主要聚居在掸邦北部的皎脉地区。

德昂族曾是一个人口众多、有很多支系的民族。据老人们的回忆，这些支系有：汝旺、汝果、汝娥、汝竞、汝本、汝波、汝别牙、汝买、汝康、汝腊、汝王、汝科、梁、别列、汝不列、汝不峨、汝不冬、汝孟丁、汝孟得丁、汝格若等。其中，居住在我国境内的多数是"汝买""别列""梁"。当地汉族又根据他们妇女服饰的特点，分别把"别列"支系称为"红崩龙"，"汝买"支系称为"黑崩龙"，"梁"支系称为"花崩龙"。他们有自己的民族语言，属南亚语系孟高棉语族佤德语支，其中德昂语又分

"不列""汝竟""汝买"三种方言，但是没有自己语言的文字，因长期与傣、汉、景颇等民族相处，许多人通傣语、汉语和景颇语。

德昂族渊源于南亚语系孟高棉语族，史学界一般认为德昂族源于古代濮人。公元前2世纪就居住在怒江两岸的广大地区，属于云南的土著民族。唐宋时期被称为扑子、茫蛮（这一族属学术界有争议），元明时期被称为金齿、蒲蛮。自清代起，史籍乾隆《东华录》，光绪《永昌府志》等书中才单独有了记载，称他们为"崩龙"，并作为一个单一民族出现于汉文史籍记载中，新中国成立后沿用了这个名称。1985年9月经国务院批准，将"崩龙"改为"德昂"。

德昂族作为我国的古老民族之一，其历史就像江河一样源远流长，是我国西南边疆最古老的开发者，也是我国最早种植水稻和茶叶的民族，所以也被称为"古老的茶农"。哪里有德昂族居住，哪里就有茶树，人们就称当地为"德昂茶山"。德昂族把茶作为始祖，只要是德昂族住过的地方都有茶山留下。茶叶在德昂人的生活中占有重要位置，不仅仅是一种饮品，更赋予了其丰富的内涵。

德昂族生活在滇西南地区，高黎贡山和怒江、澜沧江穿越于此。因此形成了独特的热带和亚热带气候，夏无酷暑，冬无严霜，气候湿热，雨量充沛，土质肥沃，自然条件优越，珍禽奇兽分布于茂密森林。德昂族世代悠然自得生活于这片沃土，同时随着历史变迁，也不断接受着外来文化的冲击以及宗教信仰的渗透，从而逐渐形成了自己别具一格的民族文化。

虽然德昂族没有自己的文字，但从世世代代口口相传的追述中，在寥寥可数的汉文古籍记载中，我们可以了解到这个古老的民族在历史长河中留下的足迹和走过的艰辛，也正是因为历史长河中的积淀，才使得这个小民族在长期的发展过程中形成的独具特色的民族历史文化更显光芒。他们以自己辛勤的劳动和集体的智慧，不仅创造了物质财富，还创造了多彩的民间文学。这些文学大多数以口传文学的形式流传下来，其次还有以傣文记载下来的"经书"上的文学。

元明以来，由于长期战乱和迁徙，形成了德昂族现在的分布格局。同时，德昂族长期居住在社会经济发展水平不相等的傣族、景颇族、佤族、傈僳族、汉族之间，他们无论是政治上、经济上、文化上都不同程度地受到这些民族的影响，也形成了德昂族特有的政治、文化和经济特色。

中华人民共和国成立以后，在党和政府领导下，德昂族进入了民族平等友爱、共同繁荣的发展时期，经过民主改革的德昂族，在政治、经济、文化各方面都获得了迅速发展。新中国成立后，德昂族地区的农村基层管理体制，经历了建立区、乡人民政权，实行人民公社化和恢复乡的体制的若干阶段。在贯彻执行中央制定的统一方针政策的同时，也形成了一些民族地区独有的特色。潞西市三台山德昂族民族乡的建立，标志着这个人口较少的民族也行使了民族区域自治的权利。

我们希望通过这本小书，让广大读者了解和认识我们五十六朵民族之花中的这一朵小花，向大家展示德昂族的历史和文化，走近德昂族的生活，关注德昂族的发展！

目录

总序	001
前言	003
第一章　德昂族的历史	011
族源与族属	012
族称从"崩龙"到"德昂"	015
古歌和神话中的起源	015
史书中的历史	020
德昂族反抗土司的斗争	024
德昂族的反帝斗争	026
第二章　德昂族的迁徙与历史遗迹	029
人口分布与格局	030
神话与传说中的迁徙	032
历史上的迁徙	035
历史遗迹与遗址	038
第三章　和谐有序的德昂族社会	045
社会制度与组织	046
村民自发组织——"老人组"和"青年组"	048

父系大家庭中的人际和谐 ········· 050

和谐互助的"关格纠"家庭 ········· 053

敬老爱幼代代传 ················· 054

民族习惯法 ····················· 056

第四章　德昂族的宗教文化　059

遗存的原始宗教信仰 ············· 060

虔诚的小乘佛教信仰者 ··········· 063

第五章　德昂族的风俗　069

独具特色的服饰习俗 ············· 070

悠久且富内涵的茶俗 ············· 074

独特的饮食习俗 ················· 077

居住习俗：依山建竹楼而居 ······· 080

多姿多彩的节庆习俗 ············· 083

传统而独特的婚恋习俗 ··········· 089

火土并行的丧葬习俗 ············· 094

生产生活的禁忌习俗 ············· 094

第六章　德昂族的民间文化 ··· 097

丰富悠久的民间文学 ··· 098

优美细腻的民间音乐 ··· 101

风格浓郁的民间舞蹈 ··· 106

古老的民间手工艺 ··· 111

民族传统体育活动 ··· 114

第七章　新时期发展中的德昂族社会 ··· 119

德昂族乡村政治体制的变革 ··· 120

德昂族经济社会的发展进步 ··· 125

德昂族逐步发展的教育事业 ··· 129

科技和医药卫生事业 ··· 134

德昂族文化的保护与传承 ··· 137

第八章　德昂族人物故事 ··· 143

反抗傣族土司起义领袖——塔岗瓦 ··· 144

民国初期德昂族首领——千总 ··· 144

德昂族第一位大学生——杨忠德 ··· 145

德昂族第一位厅级干部——赖永良 ··· 146

德昂族第一位女诗人——艾傈木诺 146

国家级"非遗"传承人——李腊翁 147

德昂族民间艺人——杨忠平 148

德昂族的"百灵鸟"——尹香芳 149

参考文献 150

图片提供者 151

后记 152

第一章
德昂族的历史

　　德昂族源于南亚语系孟高棉语族。孟高棉语族是中南半岛上一个古老的民族群体。我国史书多认为汉晋时期的云南濮人是德昂族、佤族、布朗族的先民。德昂族作为我国的古老民族之一，有着悠久的历史。从遥远的古代起，德昂族人民的祖先就劳动、生息、繁衍在我们祖国西南的土地上，和生活在这里的其他民族一起，共同为西南边疆的开发和建设贡献着自己的力量，是我国西南边疆最古老的开发者。虽然他们并没有在浩瀚的史料中留下重彩，但从少量史料和德昂族神话传说和古歌古调中，我们依然可以探寻到德昂族祖先的足迹。

三台山德昂族乡勐丹村

在中国与缅甸绵长的边境线上,高黎贡山和怒山山脉蜿蜒曲折,这里群峰雄峙,横亘千里,在两山之间形成了很多的河谷与盆地。受印度洋影响,这里属亚热带气候,夏无酷暑,冬无飞雪,雨量充沛,土壤肥沃,矿藏丰富,翠竹绿林,云雾拥山,草地肥美,自然条件优越。在这群山之中,生活着一支古老的世居农耕民族——德昂族。

族源与族属

《征缅纪闻》作者王昶像

《征缅纪闻》书影

德昂族在我国具有悠久的历史,其族源可以追溯到秦汉时期的"苞满"与"闽濮",唐宋元明时称"扑子蛮""蒲人""蒲蛮"等,直到清代,蒋良骐《东华录》、王昶《征缅纪闻》及光绪《永昌府志》诸书才单独有了记载,称他们为"崩龙",并作为一个单一民族出现于汉文史籍记载中。

德昂族源于南亚语系孟高棉语族,我国史书多认为汉晋时期的云南濮人是德昂族、佤族、布朗族的先民。由于德昂族在历史文献中的记载太少，在德昂族族源、族属的问题上，学术界一直存在不同的看法，至今仍难以定论。综合诸多学者的论述，德昂族族源的讨论主要有以下几个方面：

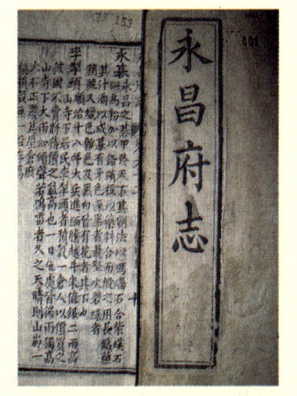

◀ 《永昌府志》书影

中南半岛的古老居民 德昂族源于南亚语系孟高棉语族，而孟高棉语族是中南半岛上一个古老的民族群体。林惠祥先生指出，孟高棉语族是蒙古利亚人种的一支，和獴族、矮黑人以及印度尼西亚人混合而成，原出自中国的西南部，从很早的古代起，他们便占据了缅甸、暹罗以至越南，成为一大集团。这是对德昂族的族源、分布进行的最远古的推论。这种看法目前为学术界所接受，还未见不同意见。

知识链接 **林惠祥（1901—1958）** 福建晋江人。又名圣麟、石仁、淡墨。汉族。我国著名人类学家、考古学家、民俗学家、民间文艺理论家。著有《文化人类学》《中国民族史》《苏门答腊民族志》《婆罗洲民族志》《民俗学》《世界人种志》《神话论》等。其《文化人类学》一书确立了中国人类学体系。

◀ 林惠祥

濮人族属 濮是古代在我国南方分布广泛的一个民族群体。我国史书多认为汉晋时期的云南濮人是德昂族、佤族、布朗族的先民。但是对"濮人"的族属问题，学术界历来存在不同的看法。有的学者认为云南西南部的"濮"，与楚国的"濮人"并不是同一民族群体，而是佤德语支的先民；有的学者则认为古代的百濮（包括云南境内的濮和江汉地区的濮），应是百越系统的民族；有的学者认为在汉晋时期，现今的滇池区域及滇东、滇南、滇西各地都有较多的滇濮是佤德语支民族的先民，秦汉时期的滇文化是以孟-高棉文化为基础，并吸收中原文化、百越文化乃至印度文化融合发展而成的一种新文化。

哀牢族属 哀牢是汉代在滇西地区分布广泛、力量强大的民族群体。关于哀牢的族属，学界曾进行过激烈的讨论，主要观点有氐羌说、越人说、濮人说。这里所说的濮人，是滇西的濮人，即佤德语支的先民。也有学者提出哀牢夷是濮人和昆明人的融合体，并通过比较哀牢夷与濮人和昆明人相似的民族特征，说明哀牢夷既有永昌地区濮人的生活习俗，又有当地游牧民族——昆明人的特征，所以哀牢夷不是一个单一民族，而是永昌地区民族的融合体，其中以濮人和昆明人为主要成分，永昌濮人是佤德语支的先民。

茫蛮族属 据史书记载，在现今的保山、德宏、临沧和普洱这几个地州区域，出现了一个被称为"茫蛮部落"的组织，"茫蛮部落"见于唐代樊绰《蛮书》（又称《云南志》）中的记载，这是云南古代诸民族中历史悠久、社会经济发展水平较高的一个民族，在云南民族的发展史上占有重要的地位。对于"茫蛮部落"的族属，学术界传统的看法认为茫蛮是现今傣族的先民，近年来有人对茫蛮的族属提出了新的看法，认为茫蛮应是佤德语支的先民，并从文献资料、民族称谓、文化习俗、民族关系的演变等方面进行了分析论证，说明唐代生活在茫蛮分布地的"开南杂种"，其主要民族成分之一是佤德语支的先民——永昌濮人，而茫蛮部落则是其中社会经济比较先进、人口较多的群体，并发展成为有较大政治组织的部分。并根据樊绰在《蛮书》中描写茫蛮"皆衣青布短裤露骭。藤篾缠腰，红缯布缠髻，出其余垂后为饰"，此习俗与现在德昂族的服饰习俗亦相同。

> **知识链接** **永昌府** 南诏置，大理承袭之。下辖孟定土府、湾甸土州、镇康土州、潞江安抚司、芒市安抚司、遮放副宣抚司。辖境相当今云南省保山、芒市二市和永平、龙陵、腾冲、耿马、昌宁、镇康、永德、盈江、陇川、梁河等市县及缅甸八莫、景栋等地区。

金齿族属 "金齿"之称，《蛮书》和《新唐书·南诏传》原是指滇西一带少数民族以金饰齿的习俗，后成为这些少数民族的称谓。元代金齿曾是澜沧江以西一个势力强大的民族群体。元朝初期，金齿在滇西建立了一个显赫一时的地方政权——"金齿国"，地域涵括了今天的保山、德宏、临沧、普洱和西双版纳等地州及缅甸北部、老挝北部和越南西北部地

德昂族邮票

区。学术界一般认为金齿是傣族的先民,但有学者认为金齿是宋元时期佤德语支民族的总称,与茫蛮是同一民族在不同时期的称谓;金齿并非傣族先民,而是德昂、布朗、佤等民族的先民。

族称从"崩龙"到"德昂"

德昂族由于居住分散,自称、他称很多。居住在德宏地区的德昂族自称"德昂",镇康、耿马的德昂族则自称"尼昂"或"纳昂",此外,还有"崩龙""昂""冷""梁""布雷""纳安诺买"等称呼。根据德昂族妇女的裙子上所织线条的不同色调特征,当地汉族人民分别称他们为"红崩龙""花崩龙""黑崩龙"等。新中国成立后进行民族识别,沿用了"崩龙"这个名称。

> **知识链接** "昂"为民族自称,意为"山岩""岩洞"的意思。"德""尼""纳"为尊称的附加语。

1983年4月,德宏傣族景颇族自治州第八届人民代表大会上,德昂族人大代表提交了"关于将崩龙族改为德昂族的提案",指出,崩龙族虽然居住的地区不同、支系不同,但都没有自称为"崩龙"的。"崩龙"一词来自傣语,有三种意思,一是"土崩瓦解后又合拢在一起的民族",二是"逆水逃走的人",三是"做奴隶的民族"。"崩龙"一词出现的历史时期正是本民族沦为被统治者压迫奴役的时期,其意显然带有贬义。因此根据本民族干部、群众的意愿,1985年9月经国务院批准,将"崩龙"改为"德昂"。"德昂"在本民族语中是"石岩""岩洞"的意思,取其"坚固"之意,也意为从岩洞里出来的人。从他们的古歌我们可以了解到,德昂先民最早是住在崖洞里的,"昂"似乎包含着他们对先民住居崖洞的历史记忆。

古歌和神话中的起源

德昂族作为我国的古老民族之一,有着悠久的历史,是我国西南边疆的开发者。但是由于中国境内的德昂族没有代表本民族语言的文字，在浩瀚的历史书写中，德昂族留下的足迹少之又少，我们只能借助少量史料和德昂族的《祖先创世纪》《达古达楞格莱标》《人类的起源》《滚思艾、妈阿嘎》等神话传说和古歌古调来探索德昂族的历史源流。

岩洞起源说

关于德昂族起源，有《滚思艾、妈阿嘎》的传说故事。

传说，古时候在原始森林里居住着一位德高望重的大法师杜佛拉登瓦河及其徒弟斯母达瓦啥那。斯母达瓦啥那继承了师父的衣钵，善于飞翔。有一天他外出见到一只小鹿，就追随在小鹿后面，途中斯母达瓦啥那听到美妙动听的歌声从远处传来，他四处张望不见人影，只觉得奇怪。他朝歌声传来的地方寻找，当他走到媚达瓦湖畔，见到湖中有七个姑娘在洗澡，她们有说有笑，唱着动听的歌曲，眼前的情景让斯母达瓦啥那惊喜不止。

斯母达瓦啥那情不自禁地与湖中洗澡的姑娘们寒暄起来。当姐妹们发现大姐与斯母达瓦啥那亲密交谈时，便悄悄地消逝在湖中。夜幕降临了，大姐与斯母达瓦啥那依依不舍，相约在湖畔对面的"盯卡茹那"岩洞里住下。从此，岩洞成为他俩栖居的地方。数月后，姑娘有了身孕，有一天斯母达瓦啥那对姑娘说，你好好休息，我到外面去找点吃的，便离开了岩洞。龙姑娘一时不注意在洞中现了原形，当斯母达瓦啥那走进洞时发现洞中躺着的是一条青龙，犹如晴天霹雳，四肢发抖，一时晕倒过去。醒来时却发现自己躺在龙女身边。斯母达瓦啥那追问龙女刚才发生的一切，龙女眼含热泪亲了亲斯母达

陇川龙阳塔

瓦啥那，却不愿说出自己的身世。眼前的事实给斯母达瓦啥那沉重的打击，他恐惧、徘徊，便对龙女说，我俩不能在一起生活了，说完就朝着东边太阳升起的地方飞去。龙女看着斯母达瓦啥那的身影渐渐消失在太阳里。几个月过去了，龙女生下了三男、三女，她独自精心哺育了16年，并将三个男孩分成三个姓氏，老大叫"格昂党"、老二叫"格昂动"、老三叫"格昂迭"。然后，龙女把自己的身世告诉了六个孩子，嘱咐孩子们一定要记住，你们的父亲是太阳，叫斯母达瓦啥那，母亲是龙女，叫青龙。说完就离开了岩洞，消失在媚达瓦湖中。

陇川县德昂族龙阳塔，来自于斯母达瓦啥那传说，其实质就是德昂族起源于住在岩洞中的龙祖，而龙又是中国文化的象征，这也证明了德昂族与中国其他民族之间早已存在文化上的渊源关系。

> **知识链接** **滚思艾、妈阿嘎** 汉语意为太阳爸爸和青龙妈妈的传说。其中"滚"指父亲，"思艾"指太阳，"妈"指母亲，"阿嘎"指青龙。"滚思艾、妈阿嘎"表达的就是父亲如太阳般光照人间，使人间五谷丰登；母亲如青龙般普降甘露，使人间吉祥如意、风调雨顺。

茶树起源说

茶叶是茶树的生命，
茶叶是万物的阿祖，
天上的日月星辰，都是茶叶的精灵化出。
金闪闪的太阳，是茶果的光芒，
银灿灿的月亮，是茶花在开放，
数不清的满天星星，是茶叶眨眼闪金光。
洁白的云彩，是茶树的披纱飘散，
璀璨的晚霞，是茶树的华丽衣裳。
茶叶是德昂的命脉，有德昂人的地方就有茶山，
神奇的传说留到现在，德昂人的身上还飘着茶叶的芳香。
……

这是德昂族古歌《达古达楞格莱标》中所唱。德昂族人类起源神话《祖先创世纪》、古歌《达古达楞格莱标》所说的就是德昂族起源于茶树的故事。这两则神话的主要内容是：在有人类之前，天空五彩斑斓，但是大地却一片荒凉。天界有一株茶树，它

古茶树 ▶

想把大地变得和天空一样美好，愿意离开天界到大地上生长，装点荒凉的大地。它说只要大地长青，它愿意把苦水喝尽。帕达然（万能之神或者说是智慧之神）为了考验它，让狂风吹落了它的102片叶子，撕碎了它的树干，并让树叶在狂风中变化。于是，单数叶变成了51个精明能干的小伙子，双数叶变成了51个美丽的姑娘。他们互相结成了51对夫妻，共同经历了10001次磨难后，有50对夫妻返回了天界，仅留下最小的一对在大地上，他们就是德昂人的始祖"达楞"和"亚楞"。这个神话故事告诉我们德昂族起源于茶树，德昂族是茶树的子孙，茶树和德昂族的经济活动和社会生活的关系密切，一幅茶神图景反映了德昂人早期对茶叶的图腾崇拜，也与德昂族"古老的茶农"的称呼相呼应。

《达古达楞格莱标》书影 ▶

知识链接　《达古达楞格莱标》　迄今发掘、整理并出版的唯一一部德昂族的创世史诗。"达古达楞格莱标"为德昂语，意思是最早的祖先传说。史诗全诗长1 200余行，始终以茶叶为主线，集中地描写了这一人类和大地上万物的始祖如何化育世界、繁衍人类的足迹，并以奇妙的幻想将茶拟人化。

葫芦起源说

在德昂族中还流传着祖先是从葫芦里出来的传说：从葫芦里出来的人，长得一模一样，分不出你我。后来有一位仙人把男人

德昂妇女腰箍

的面貌区分开来，男人们又用藤篾做成腰箍，套住出了葫芦就满天飞的妇女。从此妇女都佩戴腰箍，并且与男子一起生活。故事所说"男人都是一个模样，分不出你我他"，即反映了每个妇女可以和任何男子结合，没有固定配偶的状态。"后来有一位仙人把男人的面貌区分开来"之后，妇女方才从具有不同面貌的男子中选择配偶。妇女有权选择男子，婚姻的主动权操在妇女手中，所反映的是"母系家庭"（或母系氏族）时代的情况。

德昂族还传说：过去是妇女串寨子，男子在家做家务、编竹器。有一天晚上，男子们一个竹篮都还没编完，妇女已串过七户人家，这引起了男子们的不满，从此男子就叫妇女守家，由他们去串寨子。这个故事反映着从母系家庭转变为父系家庭的概略记忆。而只有到男子想出了办法，"用藤篾腰箍把妇女套住，妇女才和男子一起生活"的时代，父系家庭才算最终确立起来。它从一个侧面也反映了德昂族古代社会历史发展的缩影。

德昂族先民的生产、生活状况，从氏族到民族的衍化过程，从血缘婚到对偶婚，再到一夫一妻制婚的发展历程，通过这些神话传说一一向我们展现出其历史发展脉络，也在一定程度上反映了德昂族对其祖先的一种追忆。

史书中的历史

两汉时期

史学界一般认为德昂族源自古代两汉时期云南永昌的濮人，这部分属于孟高棉民族先民的濮人是从中南半岛北上而来的。两汉时期，这部分濮人定居在滇西地区，即古"哀牢国"旧地。西汉王朝为了加强对这一区域的控制，实现其政治、经济、文化的对外交流，加大力度开发"西南夷"地区。公元69年，东汉王朝开拓和经营西南，设立了永昌郡，"苞满""闽濮"等诸多部落都包括在内。他们当中的一部分就是今天德昂族的先民。濮人定居的滇西地区是古代中国和印度两个文明古国从事文化交流和商业往来的必经之路，永昌是"蜀身毒道"，也就是现在所称的"南方丝绸之路"的交通要塞，是古代中国

> **知识链接**
>
> **哀牢国** 最早涉及哀牢国历史的是西汉司马迁著《史记·西南夷列传》，说："西自同师以东，北至楪榆，名为嶲、昆明，皆编发，随畜迁徙，毋常处，毋君长，地方可数千里。"史家考证，文中地名"同师"即今保山，"楪榆"即今大理。
>
> **"蜀身毒道"** 蜀身毒道源于蜀中的南方丝绸之路，从今四川起始，经云南的昭通、曲靖、大理，从保山出境入缅甸、泰国，到达印度，再从印度翻山越海抵达中亚，然后直至地中海沿岸。这是一条民间的国际通商大道，早在战国初期即已形成，是我国西南地区最古老的对外贸易的陆路交通，沟通古代中国与南亚、西亚及西欧各国的关系，直到张骞出使西域时才发现了这条路。

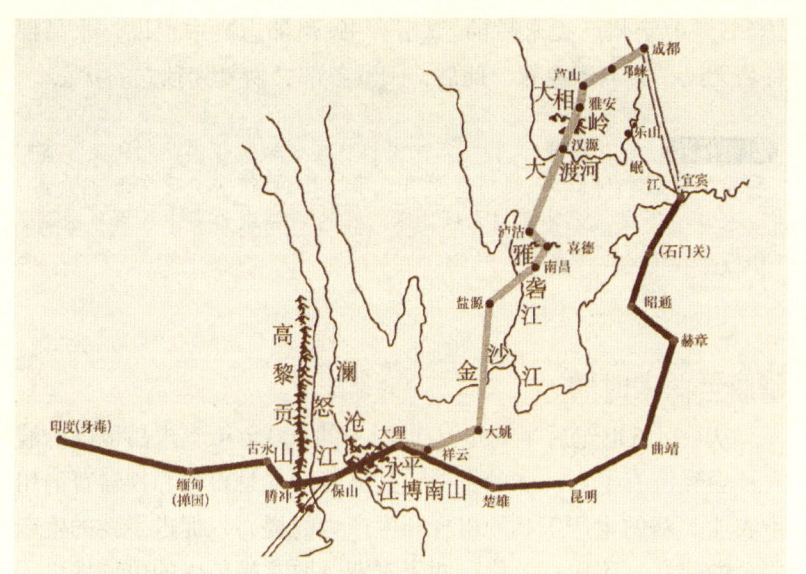

"蜀身毒道"示意图

和印度进行经济文化交流的必经之地。由于史料对"苞满""闽濮"记载很少,我们对他们的政治、经济情况知之甚少,但我们可以推测,这条"国际通道"对于早期德昂族先民的经济文化等肯定有着深远的影响。

三国两晋南北朝时期

三国两晋南北朝时期,闽濮仍然是永昌地区的主要民族之一。东晋常璩所撰的《华阳国志·南中志》记载,永昌郡族群种类不少,有闽濮、鸠僚、僄、越、裸濮、身毒之民,并且有一种很大的竹子叫"濮竹"。三国时,诸葛亮率军南征,平定了南中,其部将李恢就把数千濮民从永昌郡迁到云南、建宁等郡县,并且效果显著,《三国志·蜀书》中说"广迁蛮、濮,国用用强""赋出叟、濮",蜀国能够从南中取得大量财富,也和濮人的努力密不可分。但同时也因为蜀汉官吏对叟、濮等族征税过多,致使人民起来反抗。《华阳国志·南中志》记载,西晋元康末年(299),"闽濮反",永昌境内的闽濮把太守吕氏势力驱逐南逃永寿(今云南省耿马县),使晋王朝对闽濮地区的统治松弛。

据《爨龙颜碑》记载,南北朝爨氏割据时期,宁州地区受到扰乱,在东爨和西爨两地,到处都是战场。爨氏集合精兵,平灭"缅戎"(即闽濮)的叛乱。这次叛乱未得到有效镇压,所以在

《宋书》中宁州已无永昌郡。《南齐书·州郡志》中也说，永昌郡有名无民，相当于废置。此后，闽濮各部又恢复到独立的状态。

> **知识链接** **爨龙颜碑** 又称《宋故龙骧将军护镇蛮校尉宁州刺史邛都县侯爨使君之碑》，南朝刘宋大明二年（458）镌立。碑文追溯了爨氏家族的历史，记述了爨龙颜的事迹，为研究统治南中数百年的爨氏大姓提供了极为宝贵的史料。

爨龙颜碑

隋唐至两宋时期

从公元6世纪后半期至10世纪末的400余年，永昌境内的濮人社会经济有了进一步的发展，其显著特征是兽力和铁器普遍用于农业。新的生产工具的出现和生产力的提高，促进了新的生产关系的建立。隋唐、五代、两宋时期，原永昌郡内的民族发生了变化，"扑子蛮"从濮人中分化出来，其中一部分就是近代布朗族和德昂族的先民，他们聚居或与同区域的其他民族杂居。

根据《蛮书》记载，在南诏势力越过澜沧江以前，在现今的保山、德宏、临沧和思茅这几个地州区域，出现了一个被称为"茫蛮部落"的组织，他们由唐封、凤兰苴、茫天连、莽吐、茫昌、茫盛恐、茫鲊、茫施等小部落组成。

对于"茫蛮部落"的社会性质，史学界有两种不同的看法，其一认为"茫蛮"和"金齿"是现今傣族的先民；另一种观点认为，唐代史书记载的"茫蛮部落"，是德昂族、布朗族、佤族的先民。从语言上说，"茫人"称呼其首领为"茫"（又写作猛或莽），到现代佤昂语系民族中一直保留这一称呼。茫人部落妇女"披五色裟罗笼""藤篾缠腰，红缯布裹髻，出其余垂后为饰"等特点，与德昂族"藤篾缠腰"的特点相吻合，其继承关系显而易见。

唐代茫人部落

《南诏图传》（局部）：二牛抬杠，是南诏时期一种特殊耕作方式，也称"二牛三夫"耕作法

的社会经济也有相当发展,比汉晋时期有了极大的提高。

在农业方面,显著的进步是使用畜力代耕。《云南志》中就记载了茫人生活地区"以土俗养象以耕田"。南诏时,异牟寻征服了茫人,"黑齿蛮、金齿蛮、银齿蛮、绣脚蛮"都成为南诏的子民,于是南诏实行的"二牛三夫"的犁耕法和一些农业生产技术也在茫人地区得以推广。当时茫人的政治、经济、文化等方面深受南诏影响。

元明清时期

元、明、清时期,"扑子蛮"被记作"蒲蛮""蒲人",仍包括了布朗族和德昂族的先民。

随着南诏的衰落,一些民族摆脱了南诏的统治并建立了自己的政权。

> **知识链接** **蛮金齿族属** 据《元史》记载,有八个民族:"曰金齿、曰白夷、曰蜱、曰峨昌、曰骠、曰繲、曰渠罗、曰比苏。"

宋朝时,金齿摆脱了大理国的控制,强盛起来。据《马可·波罗行纪》记载:"其俗男子尽武士,除战争、游猎、养鸟之外,不作他事,一切工作皆由妇女为之,辅以战争所获之俘奴而已。"当时金齿人有可能已经进入了奴隶社会。金齿的农业和手工业继续受南诏的影响,农业上开始逐步使用铁锄,冶金、锻造、纺织能力与技术也相当可观,并且商业也有所发展,集市贸易普遍形成。

蒙古大军平定大理之后,对金齿进行军事征服,金齿、白夷诸部于元宪宗四年(1254)相继归附元朝,并于中统初年(1260)派遣子弟纳贡。在战争中,金齿民族的经济遭到破坏,军事实力受到极大的削弱,政治势力也日益衰落。到了元代中末期,德宏地区的傣族势力逐渐强盛,以麓川思氏为代表的傣族统治集团逐渐把盈江、潞西地区的德昂先民统一于自己的势力之下,成为傣族土司的属民,也有一部分迁离了,德昂族先民由强盛走向了衰落。

明朝时期,"蒲蛮"是"百夷"土司统治下的民族。明初任用蒲蛮中的贵族阿悦贡任顺宁府的土司,部分蒲蛮开始"男耕女

《蒙古帝国画卷》之"平定大理"

织,渐习文字",加强了与汉民族的经济文化交流。但各地"蒲蛮"的社会发展很不平衡,居于坝区的"蒲蛮"社会、经济、文化生活较为先进,而居住在山区的则相对滞后。

到清代,史书记载中不再出现永昌府西南部土司地区的"蒲蛮",出现了被称为"崩龙"的民族。光绪《永昌府志·种人》记载,"崩龙"类似摆夷(傣族先民),只是语言不同。男以背负,女人用尖布套头,以藤篾圈缠腰。有漆齿文身的习俗,大多居住在山上。这是清代关于崩龙族唯一的一条记载。尤中先生认为:"崩龙是从过去的'蒲蛮'中分化出来的。原为'蒲蛮'中一部分的'崩龙',与其他地区的'蒲蛮'长期缺少密切的联系,产生了地方性的差别,因而最终成为与其他'蒲蛮'不同的另一民族。"

方慧教授根据马克思主义对民族的定义,认为到明末清初,德昂族已经具备了成为单一民族的条件,他们有了共同地域、共同语言、共同的经济生活、共同的心理素质,德昂族的民族性格较之蒲人已有明显的差异,形成了自己独有的特点。

德昂族反抗土司的斗争

自元朝末期开始,麓川傣族统治集团夺取了德宏地区以及缅甸北部部分地区的统治权,德昂族就受到傣族土司的统治。在傣族占统治地位的时期,德昂族人民也曾经起义过,但都以失败告终。明代中央王朝曾三次出兵征讨麓川,并在麓川境内屯兵防守。由于傣族土司的剥削和压迫，引发了德昂族人民的多次武装反抗。明嘉靖二年（1523），居住在潞江沿岸及猛牙、猛板的德昂族武装反抗芒市土司的压迫。几次交战后，土司武装损失惨重，以德昂族的胜利而告终，芒市土司元气大伤，再也没有能力镇压德昂族的起义，从而丧失了对猛牙、猛板的统治权。

清嘉庆年间，傣族土司采取极端蛮横的手段强占了德昂人的许多田地，嘉庆十九年（1814），德昂族首领塔岗瓦组织了声势浩大的起义武装。他们提出了"官家不公平，杀死官家解不平"的口号，拿起长刀和火枪，向傣族土司住地芒市进发。义军的这一主张得到了包括广大傣族等当地其他民族群众的强烈支持。不久，塔岗瓦就指挥义军攻破了芒市土司衙门。土司逃往永昌府向清军求援。起义军乘胜追击，一举击溃了负隅顽抗的土司武装。傣族土司利用亲戚和民族关系，取得了梁河傣族土司和西山景颇头人（山官）的武装支持。起义军虽将土司武装击败，控制住了芒市坝区，但因为四面受敌，力量对比悬殊，半年多后，这一场正义的民族起义烈火最终以失败而告终，但是这次斗争极大地削弱了土司的统治，在反抗封建统治者的历史上写下了光辉的一笔。

直到20世纪50年代中期，中华人民共和国对德昂族地区实行社会主义改造以后，傣族土司的统治才得以彻底消除。在反抗傣族土司的斗争中，德昂族频繁迁徙，部分迁到了缅甸，使德昂族人口逐渐分散，形成近代以来境内人口少、分布广的格局。

> **知识链接** **瑞丽市** 瑞丽是古代滇越乘象国、勐卯果占壁王国、麓川王国三大古国的国都，是古代西南丝路的重要通道。在这个美丽富饶的坝子上，分布着中缅两国的五座城市，即中国的瑞丽、畹町和缅甸的木姐、南坎、九谷。其"一院两国、一井两国、一街两国、一桥两国、一寨两国、一院两国、一岛两国"的独特景观在世界上也是罕见的。瑞丽的世居民族是傣族、景颇族和德昂族。泼水节是瑞丽傣族、德昂族最盛大的传统节日，时间在每年4月12日至17日。少数民族人口76 151人（2006年统计），占总人口的46.1%，其中德昂族为1 775人。

德昂族的反帝斗争

鸦片战争后，中国沦为半封建半殖民地社会，以英法为首的帝国主义国家觊觎云南丰富的自然资源，"英伺其西，法瞰其南"，把侵略的魔爪伸向了云南。德昂族人民和云南其他少数民族一道，与英、日帝国主义侵略者进行了长期的英勇不屈的斗争，保卫了祖国边疆。

19世纪中期以来，英国殖民者就一直梦想编织一个从印度、缅甸到中国云南、西藏、四川直到长江口的横跨南亚和东南亚的庞大殖民网络。1885年，英国人吞并缅甸，进而开始大量蚕食中国的领土。英国人的无耻掠夺行径引发了边疆各族人民的强烈不满和抗争。1917年，英国人长驱直入陇川腹地，在章凤的曼缅山搭建起7个帐篷，企图建立自己的营地。此行为遭到了陇川土司及各族人民的强烈反对。但英国人却蛮不讲理地声称：不管中国政府同意与否，他们都要建立营地。腾冲地方政府迅速征调了600人的地方武装前往陇川。章凤的德昂族千总（首领）调集了德昂族60岁以下的成年男子500多人，武装包围了英国入侵者。并带领手下的大小头目40多人前去和英军谈判。千总义正词严地向英国人宣布："这是中国人的土地，你们没有资格占有！如果再执迷不悟，我们就要用长刀讲话！"英国侵略者眼见德昂族群众怒焰难平，只好无奈地撤回了缅甸。德昂族人民在英国侵略者狼狈离开时，夺得了一面英国国旗。直到今天，在当地还保留着当年抗英驱英斗争中缴获的这面英国国旗，成为德昂族人民保卫祖国领土完整的爱国行动的见证。

近代以来，德昂族与景颇族等各族人民，曾共同抗击英帝国主义对云南西部地区领土的侵略。1942年，日本侵略军从缅甸侵入我国德宏地区，对德昂族及各族人民进行野蛮的烧杀抢掠。畹町地区居住着60多户德昂族的雷弄寨，财产被抢光后，又被烧光了全部房屋，全寨人逃往深山野林，靠吃树皮野菜为生。面对日军的暴行，当地的德昂族人民参加了汉、傣等各族人民组织的一支2000余人的游击队,用铜炮枪、长刀及弩弓同日本侵略军进行了多次斗争。他们坚决抗击侵略、誓死保卫祖国领土的爱国情操,将永远镌刻在历史的丰碑之上。

知识链接 **滇西抗日战争纪念碑** 位于芒市城东南的仙池路路东侧的牙浪山麓。滇西抗战是中国抗日战争的主战场之一,"珍珠港"事件爆发后,日军入侵东南亚,包抄缅甸,威胁滇缅公路。中国十万远征军偕同滇西各族人民,与日军浴血奋战,付出了巨大的牺牲,终获胜利。

◀ 滇西抗日战争纪念碑

第二章
德昂族的迁徙与历史遗迹

  德昂族世世代代创造着历史，他们奋争的历程留下了无形的或有形的足迹，也通过口述、文字或其他文化信息符号而长久保存在人们的记忆里。德昂族是滇西较早的土著民族，在历史长河中，经历着兴衰起伏。德昂族在历史上曾经有过相当强的势力。但自元末和明清以后，尤其是从清朝嘉庆年间起义失败后，逐渐衰落，受汉、傣等其他民族的统治。德昂人被迫迁徙以寻求更为稳定的生活。他们被迫从坝区向山区迁徙，由集中居住到被迫流浪，以致形成后来高度分散，基本上以村寨为单位居住在山地的居住格局；更有部分流落到了境外，成为了跨境而居的民族。只有那些遗迹与遗址，依然在那里，向人们诉说着其见证的历史。

人口分布与格局

根据新中国成立初期的人口统计,中国境内的德昂族仅有6 000余人。从1950年到20世纪80年代初期,德昂族人口的增长速度较快,从6 000余人猛增到1.2万多人,这与当时中国的有关政策和国情是密不可分的。20世纪90年代以来,随着计划生育政策的贯彻执行,德昂族人口的出生率呈现出下降的趋势,人口增长较为稳定。根据《中国2000年人口普查资料》,德昂族从1990年的15 461人发展到2004年的17 935人,多年来一直占全省总人口的0.04%,是一个人口较少的民族。据第六次全国人口普查数据,云南省共有德昂族20 188人,他们以大分散小聚居的形态分布在云南省西部边境地区的十余个县市之中,主要居住在德宏傣族景颇族自治州的潞西、梁河、盈江、瑞丽、陇川各县,临沧市的镇康、耿马、永德等县,以及保山市的隆阳区。虽然仅有1万多人,聚居的自然村寨却分布在4个地州的10个县市。但在局部范围内,德昂族却有小片的聚居区,聚居的程度很高。如德昂族虽然没有建立本民族自治县,但是建有一个民族乡和散布在28个乡镇的72个自然村。在这些自然村内95%以上的人口是德昂族,很少有其他民族杂居其中。德昂族这种面上分散,点上集中,以自然村为基本单位聚族而居的分布特点是人口较少民族中相当普遍的现象。其中以德宏傣族景颇族自治州潞西市最为集中,主要分布在该市三台山德昂族民族乡、勐戛镇、西山乡、东山乡、五岔路乡、中山乡、法帕镇、遮放镇等乡镇的山区和半山区。其他则与景颇、佤、傣、汉等民族分寨而居,有少数村寨间杂在坝区的傣族村落之间。

> **知识链接** 德昂族的民族人口主体在缅甸,据20世纪末在缅甸的调查,缅甸的德昂族人口当时就有70万人以上。德昂(崩龙)族最大的聚居区是缅甸北部,其居住区几乎就是沿着与滇西边境接壤的地区向西和向南部延伸,主要聚居在掸邦北部的皎脉地区。

根据《德宏年鉴2010年》的数据，2009年德宏傣族景颇族自治州德昂族分布情况如下表：

潞西市	瑞丽市	畹町开发区	陇川县	盈江县	梁河县	总计
10 006人	1 821人	449人	1 238人	417人	811人	14 293人

根据《德宏年鉴2010年》的数据，2009年潞西市各乡镇的德昂族人口情况如下表：

芒市镇	317人	遮放镇	1 236人	勐嘎镇	1 714人
芒海镇	5人	风平镇	278人	西山乡	217人
江东乡	62人	轩岗乡	16人	五岔路乡	1 017人
三台山乡	3 996人	勐焕街办	402人	中山乡	746人
总计			10 006人		

从上述表格看出，德昂族主要分布在云南省德宏傣族景颇族自治州潞西市三台山乡。如2006年7月份出台的《德宏州人口较少民族地区经济社会发展现状调研报告》，德宏傣族景颇族自治州德昂族人口1.32万人分布在各县市的17个乡镇31个行政村56个村民小组。潞西市有德昂族9 336人，占全州德昂族总人口的70%，主要分布在全市的8个乡镇（其中1个是德昂族民族乡）19个行政村35个村民小组。陇川县有1 101人，占全州德昂族总人口的8.34%，主要分布在1个乡3个行政村5个村民小组。瑞丽市有德昂族1 191人，占全州德昂族总人口的9%，主要分布在3个乡镇的4个行政村7个村民小组。梁河县有德昂族768人，占全州德昂族总人口的5.8%，主要分布在2个乡2个行政村4个村民小组。盈江县有德昂族365人，占全州德昂族总人口的2.8%，主要分布在2个乡镇2个行政村3个村民小组。畹町有德昂族395人，占全州德昂族总人口的3%，主要分布在1个乡1个行政村2个村民小组。

德昂族人口的分布格局特点主要表现为与其他民族之间交错杂居、大杂居、小聚居、垂直立体分布以及跨国界而居，其跨境的人口特点表现为一方人少而分散，一方人多而集中，而人少的一方却是该民族的发源地。

德昂族是滇西较早的土著民族，在历史上曾经有过相当强的势力。但自元末和明清以后，尤其是从清朝嘉庆年间起义失败后，逐渐衰落，受汉、傣等其他民族的统治。在纠纷不断、错综复杂的社会动乱中，德昂人被迫迁徙以寻求更为稳定的生活。他们被迫从坝区向山区迁徙，由集中居住到被迫流浪，以致形成后来高度分散、基本上以村寨为单位居住在山地的居住格局。如今我国境内德昂族人口少却分散广的局面，更有部分流落到了境外，成为了跨境而居的民族。德昂族的迁徙，不仅对其人口分布格局有很大影响，对其社会、文化、民族关系等方面也产生了深远的影响。

神话与传说中的迁徙

由于史籍记载的缺乏和德昂族迁徙无常的原因，很难清晰地勾勒出德昂族迁徙的时间及路线，我们只能通过一些早先的口头流传来倾听德昂族先民迁徙的脚步声。流传于临沧、普洱地区和缅甸德昂族中的《雷弄山的儿女》，叙述了德昂族的历史及迁徙。

阿祖离开了司岗，去住在兴威和安侃。老大住兴威，老二住安侃。离开了安侃、兴威才迁到雷弄，从雷弄上来，居住在勐卯。在勐卯，掸人同汉人发生争斗，有的逃上三台山，有的逃到雷弄山，我们是逃回雷弄的这一支，我们的族人留在中国的三台山。

……

我们德昂人常说："来自雷弄山，回归雷弄山。"其实，这话不完全，传说人都是葫芦里长，从葫芦里出。人从葫芦里出来以后，不只是住在雷弄山，首先居住在"司岗里"。所以我们的第一个始祖叫"德昂"，"德昂"就是"司岗里"，"司岗里"就是"德昂"。我们不能忘记"德昂"，所以我们自称"德昂"的子孙。

我们的古歌一代一代地唱，我们的历史一代一代地讲。

一百万年以前，我们的先祖从葫芦里出来，十万年以前我们搬进"德昂里"住,从"德昂里"(司岗里)出来,我们先住在大山的北面。刚出来时,人们不论男女,长得一模一样。是天神把我们分开,所以才会谈恋爱结婚。

当老二住在兴威时,老大住在安佤。从此,我们民族才分了家。在十个一百年以前,我们来到雷弄山,为什么来住雷弄山?因为我祖随王去打仗。

……

仗打完了之后,我们转移了方向,走哇,走哇!走到了一个大山,这个大山就是雷弄山。

我们在雷弄山安家落户,我们在雷弄山开荒种地,并在雷弄山发明了种茶叶的技术,还把这种技术传给各方,传给其他民族。从此,我们的人口又发展了。于是我们商量了找新的地方,开辟新的家园,这样,我们就从雷弄山搬到勐卯住。

……

故事中的大山(雷弄山),即是后来傣语称的"峦弄",大山之意。而德昂族称为"来陇",是其民族的一个支系,也同称地名。在缅甸现南坎西南、孟密以东和腊戌以西的山区,有峦弄,说明了德昂族先民把山名也带到了缅甸。从德昂族传说《雷弄山的女儿》中,我们可以感受到德昂族先民颠沛流离的生活以及这

德昂族聚居村寨——邦外村

德昂族聚居村寨——出冬瓜村

个民族绵延的生命力。

根据《德昂族社会历史调查》资料,居住在镇康、耿马一带的德昂族则传说,他们的先民"原居大理一带,后由大理迁入红岩(今弥渡县),再由红岩南迁直达镇康甘塘德昂大寨定居下来,后因战乱及疾病流行,大部分又迁出缅甸果敢县,沿今天中缅边境一带居住。另一部分德昂族从保山、施甸、昌宁湾甸坝等地,沿勐波箩河,顺小勐统、德党(今永德县城)直达南伞、河外、孟定及缅甸果敢等地居住"。保山潞江坝大中寨的德昂族传说,大约在300—400年前,大中寨的德昂族是由"慢力巴"的"老街"(在瑞丽地区)迁来的。

在德昂族的最大聚居点潞西市三台山,德昂族人在讲述自己的历史时常常会和三国时期的诸葛亮联系在一起。诸葛亮在他们的心目中是一个无所不知的神人。传说,古时候,德昂族居住在

> **知识链接** **诸葛亮与孟获** 诸葛亮为解决蜀国后方安定和从南中取得财物等问题，于225年亲自南征。雍闿出兵救高定驻地（今四川省西昌一带）时，不料被高定部下所杀，这样南中反蜀势力由孟获（三国时期益州建宁郡人）担任。孟获成为统帅后，在对战诸葛亮过程中屡次战败被俘，最后诚心归附诸葛亮，诸葛亮委任他做蜀国的御史中丞。关于孟获的族属，未见《三国志》及当时的史书记载，但因他是滇池区域的大姓，是"夷汉所并服"的领袖人物，所以学术界对他的族属多有争议。根据明代史料记载，他应是孟（猛）人。明时杨升庵《滇程纪》在蒲蛮哨记载："蒲蛮，实孟获之遗种也。"《永昌府志》诸葛祠下记载："蒲人敬诸葛公特盛。"在永昌境内有蒲人、傣族、白族、阿昌族等，但志书涉及与诸葛亮的关系时仅说蒲人，而不提其他民族，这应当与孟获的诚心归附和诸葛亮为昆明人做国谱，让昆明人诚心归附有密切关系。

一条叫"拿九木"（傣话）河的上游。当时是一大家人伙居，人很多，常因缺吃少用闹意见，后来便分成了几家。当时因人多，没田种，以采集山茅、野菜为主要生活来源，生活过得很艰苦。后来，知道诸葛亮有很多知识和主意，于是，弟兄各自去找诸葛亮要主意，即向诸葛亮学知识、学本领。当德昂族问诸葛亮要如何才能过上好的生活时，诸葛亮用一把锄头做挖土的姿势，接着将锄头递给德昂族人说："挖地吃去。"从此，德昂族人家便祖祖辈辈种地吃饭了。

历史上的迁徙

在元朝末年和清嘉庆时期，德昂族人民为了反对傣族政权的压迫，被迫离开了自己的家园。新中国成立前，德昂族聚居地区的疾病流行也使德昂族大量迁徙，如1942年秋镇康县流行瘟疫。新中国成立后，在1958年"大跃进"和"文化大革命"期间，也有大量德昂族逃到外地谋生，使德昂族人口大为减少。正是由于这些原因，形成了如今德昂族的人口分布格局：与其他民族之间交错杂居、大杂居、小聚居、垂直立体分布，在中国成为了一个人口较少民族。但德昂族先民留下的那些遗址和传说，仍然在诉说着这个民族古老悠久的历史。

战争

两次大的战争使德昂族的人口由多数变为少数，丧失了主体民族的地位。第一次是在元朝末年，麓川的傣族思氏集团日益强盛，逐渐征服了附近的地区和民族，德昂族先民有的成为麓川政权的属民，有的则被迫迁离家园。第二次是在清嘉庆十九年（1814）冬，潞西的德昂族不满傣族土司的压迫，在其首领塔岗瓦的领导下起义，他们提出"官家不公平，杀死官家解不平"的口号，拿起长刀和火枪，攻入，包围了土司衙门。后来芒市土司在清朝地方政府的支持和其他土司武装势力的帮助下，对德昂族的起义群众进行了反扑和镇压，到嘉庆二十年（1815）才把德昂族起义镇压下去。战败后的德昂族先民被迫举族南迁，此后潞西境内的德昂族几乎消失，只留下一些遗址和传说。

疾病

疟疾对云南边疆地区的危害和影响，文献中多有记载。如，汉晋时期成书的《永昌郡传》载："永昌郡（滇西地区）在云南（今祥云等地）西七百里。郡东北八十里沪昌津，此津有瘴气，往以三月渡之，行者六十人皆悉闷死，毒气中物有声，中树枝则折，中人则令奄然青烂。"东晋常璩《华阳国志·南中志》载："兴古郡（今滇东南等地），建兴三年置，属县十一，户四万，多鸠、僚、濮，特有瘴气。"除了文献的记载外，民间也流传许多关于疟疾危害的谣谚。如滇西地区就流传"要到芒市坝，先把老婆嫁"的顺口溜，这是新中国成立前流行于云南汉族地区的古谚，告诫怒江以西地区瘴疠等热带病的厉害。《明史·土司传》载："芒市，旧曰怒谋，又曰大枯赕、小枯赕。在永昌（今保山市）西南四百里，即唐史所谓茫施蛮也。""狭义的'芒市'是指现今德宏州治和潞西市治所在地的芒市镇，广义的'芒市'泛指怒江以西去缅甸的'夷方'。"

> **知识链接** **疟疾** 通过蚊子叮咬而传染的一种古老疾病，主要流行于非洲、南美和亚洲南部。历史上，疟疾曾广泛流传于中国南方，内地汉族称疟疾为"瘴气""烟瘴"，边疆少数民族多称为"打摆子"。

新中国成立前,德昂族地区的疾病流行也是造成德昂族人口迁徙流动的一个重要原因。如镇康县1942年秋季流行瘟疫,德昂族村寨有230余人发病,死亡100余人。1947年2月到4月间,这些地区再次暴发瘟疫,共210余人发病,死亡125人。第二次大的疾病流行造成德昂族人口急剧减少,有60余户逃离家园。

外逃

新中国成立后,德昂族曾经有两次大的外逃。第一次是在1958年生产"大跃进"运动中。当时,由于不切实际大搞群众运动,很多德昂族纷纷外逃,仅大寨村附近就有100余人外逃。第二次是在"文化大革命"期间。当时,德昂族所信仰的宗教被纳入"四旧"范围,德昂族妇女被强迫改变穿着,导致德昂族群众产生不满,纷纷外逃。这两次外逃使得中国境内德昂族人口大为减少,而境外德昂族人口则不断增加。

边界变动

边界变动也是造成德昂族上述分布格局的一个重要因素。历史上的中外边界始终处于变动之中,甚至出现界线模糊、不分明的情况,德昂族作为生活在祖国西南边疆的一个少数民族,就在边界的不断变动中,成为了一个跨界民族。如明代王骥三征麓川以后,明王朝放弃了丽水(今伊洛瓦底江)以西的大片土地,把边境八关之外原来隶属于明王朝土司的土地,如蛮莫、猛密、孟养、木邦,乃至南部的八百等都抛给了缅甸洞吾王朝。这使得长期生活在这片土地上的德昂、怒、独龙等民族成为了中缅两国的跨界民族。随着中缅边界的勘定,德昂族成为了一个跨境民族。

> **知识链接** 中缅边界勘定 1950年6月8日中缅两国正式建立外交关系,1960年10月1日,中缅两国政府签订了《中华人民共和国和缅甸联邦边界条约》,将中缅边界线用法律的形式固定了下来。

历史遗迹与遗址

文献中载"德昂族的遗址遗物遍布全德宏州各县","德昂族虽然大部分迁离了,但他们对于古代德宏地区的开发与建设做出了宝贵的贡献"。通过梳理文献中记载的遗址,大致可分为如下三种:

一种是德昂族历史上居住过的地方。如潞西遮放坝的莫列遗址、潞西轩岗坝芒乱别德昂族遗址、允弄(大城)遗址、允崩龙遗址、邦瓦遗址、庄德昂遗址等,此外还有总坎遗址、拱瓦、邦外遗址、盈江境内回弄河遗址、德昂芒棒遗址等。在这些遗址上都曾有过大量的德昂族村寨,但到20世纪80年代的时候,德昂族已经完全搬离了这些地方,这些遗址或已断壁残垣,或已由其他民族居住。

古战壕 ▶

一种是德昂族修筑的石桥或石路。德昂人不论住居坝区还是山区,他们都很重视道路建设,尤以铺石道路出名。但许多道路因德昂人迁离,长期被雨水冲刷无人维修而破坏了。这些遗址在德宏的各县市都有分布,但是历史的沧桑巨变,使这些遗址或变成了残垣废墟,掩蔽在蛮荒群山丛林之间,或变成了其他民族的村落,或已无迹可寻,只留给人们某些残存的记忆。

古军火库 ▶

一种是德昂族的佛寺、拱母(塔)、奘房等。这些佛寺最兴旺的时候佛爷和尚都达百人,之后随着德昂族的迁离而逐渐衰落甚至被毁坏。

◀ 陇川女王宫遗址

陇川女王宫遗址 陇川女王宫遗址在今陇川县城子镇东5公里的巴达山"南生广"山坡上。据考察,女王宫是明朝时候的建筑,已有五六百年的历史了。如今山坡上女王宫遗址依稀可辨,坡顶平台面积有一亩多,四周有石基环绕的遗迹,残砖碎瓦,随处可见。有铺地的大方砖,还有槽形屋脊花砖、绿釉斗拱瓦等;坡顶平台之下,还有很多石基遗迹。在女王宫遗址东侧半山坡上,曾发现一块顶部为圆拱形的无字石碑,总长2.08米,宽64厘米,厚10厘米,碑身正面打磨得非常光滑。

> **知识锭接** **"南生广"** 德昂语、景颇语的混合地名,意为"宝石女王住的山坡"。

德昂城遗址 德昂城遗址在今陇川县城子镇西南5公里的近允寨旁,傣语叫"允崩龙",意为德昂族的古都或古城。该遗址后面三四公里的山中,有德昂族烧制陶器和砖瓦的窑址,周围散落着碎陶片、碎瓦片。

户育遗址 户育乡的雷亮、雷相广两座山坡遗留有德昂族先民种的茶树,景颇族在山上种地时,经常挖到德昂族先民使用过的陶碗、陶烟斗。

◀ 古老的制茶工具

该乡原有崩龙柯、崩龙东、崩龙山、崩龙坝等地名,与德昂族先民曾经居住过有关。该乡中部的邦岭山、西部的雷弄,过去也是德昂族先民的聚集地。雷弄附近的深山中有几处石穴、石洞,曾发现德昂族供奉的木雕佛像和石雕佛像。

莫列遗址 范围包括今瑞丽市姐勒乡东北部至潞西市遮放镇坝尾的龙川江以西大片地域,是古代德昂族的聚集地。从现存的佛寺、佛塔和铺石大道遗址中,仿佛可以看到往昔一片繁荣的景象。

潞西轩岗坝芒乱别德昂族遗址 据当地的傣族老人说,很早以前,整个轩岗坝都是德昂族居住,傣族是后来从陇川迁来的。在二三百年前(约为1815年),这里的轩蚌、芒广、芒乱别、芒曼、芒塚都是德昂人居住,现在全是由傣族居住了。这个遗址中,竖立着一个奇怪的"石塔",高2.4米,塔身为长方体,边长1.2米,顶部盖着一个八角形的大石块,厚9厘米。整个石塔由打制石块砌成,本地人把它叫作"石帽"。调查认为,"石塔"系原始宗教遗存。

庄德昂遗址 据土司属官多忠廉老人(1983年已76岁)讲,这里有过德昂族村落,傣族土司曾在德昂族建的佛寺的基础上建了"多列庄"(小乘佛教多列派的佛寺)。

轩岗芒广

邦瓦遗址 从瓦幕往下至陇川江畔的龙江坝有德昂族村寨遗址,过去景颇族受土司挑拨经常与这里的德昂族发生冲突。这里也曾挖出德昂人的土罐等遗物。

莫列拱母　拱母,傣语,意为佛塔。位于瑞丽市东部雷列山麓的雷列佛寺附近,莫列拱母现存四个拱母基座,大的一座直径约4.5米,中等的约2米,小的约1米。这些拱母已被盗掘,盗掘人曾从侧面向塔基座中心挖掘,撬出许多砖,有的曾用炸药炸过,最后他们又从主塔南侧斜掘一个直径约1米、深约1.5米的洞,找到一石盖板,打坏一块撬出,恰好掘到"十"字通道中心、直径约60厘米的圆坑。此坑向四周有两层通道。上层通道东西向宽五六十厘米,高七八十厘米。底层通道为南北向,高宽略与前同。从底层通道底部至石盖板的距离为3米,距地平面约4.5米。从这种情况看,盗掘者于去冬今春已从这里盗走文物、财宝。洞外有被抛弃的木雕涂金佛像五六具,已残缺,另有一被打碎的佛爷骨灰陶罐(残片不够,难于复原),罐中有骨灰、木炭和许多豌豆一样的白石子,全部倒在洞口北侧。火葬罐形如无耳土锅,直径约33厘米,高约167厘米,其土质细腻,黑色,底部厚仅2毫米,口部厚8毫米,外表光滑精致。底部外面涂有饼状银粉。罐上有竹篾编、多层漆的盖子,竹篾已腐朽,但与漆接触部分仍可清楚看到。

德昂路遗址　现今陇川大街,傣语旧称"档德昂"(德昂路),明朝时期这里的德昂人较多,这里是他们来往的信道,路面用石子铺成。德昂人不论居住坝区或山区,都很重视道路建设,尤以铺设石路著名。许多道路虽然随着德昂族的迁离,长期被雨水冲刷而破坏了,但许多遗址上仍能依稀看到他们辛勤建设的业绩。潞西市遮放坝尾弄喊大队,原有40多个德昂族村寨,德昂人从弄喊寨到贺喊再到拉里等地,沿山麓修筑过40多里的石头路面。

巨型石缸　陇川县章凤镇的曼棒寨奘房中有一个巨大的石块。远看与天然石块无异,走近看却是个打凿的石缸,重约500公斤,外壁高90厘米,宽90厘米,

章凤镇的曼棒寨奘房

▲ 三台山德昂族乡冬瓜村奘房

长1.2米；内壁深65厘米，宽75厘米，长约1米，可装5担水；底部凿有一排污孔。据曼棒寨的德昂族老人说，此水缸是祖辈流传下来的，跟随德昂族从山区迁来，放在奘房中供人们饮水之用。

巨型木鼓 保存在盈江县弄璋乡南算寨佛寺中。由一棵大树凿空制成，鼓身长达2.8米，两端有牛皮蒙的鼓面，直径约1.2米。外表用粗白布缠绕，再涂以黑漆保护。南算佛寺保存的这个巨型木鼓，曾经是古代德昂族的神圣之物。

扎底 一种雕刻精美的长方形木匾。现存潞西市三台山东瓜

村奘房的扎底,被当地德昂族群众视为镇山之宝。宽约80厘米,高约170厘米。顶端是两条巨龙,用龙爪托着向日葵状的花朵,龙身从两边下垂,环绕于四周。里面有100多个方格,每个方格雕刻着不同的图案。其中有佛主、佛龛、佛塔、嘎朵(怪兽)以及大象、双环蛇、鱼、鸟等动物。红地、涂金,雕工十分精美。据说,扎底是过去德昂族村寨用来镇邪的神物。每个寨子有两块,一块立在寨门,可以阻止一切妖魔鬼怪进入寨内。任何人经过,必须跪拜。另一块立在寨中心,由村民定期祭拜,可保佑本寨人畜兴旺。

古茶林 梁河县境内分布着大量古茶树,其中芒东镇小寨子村是较为集中的一个片区,达到8 000余亩,专家考察后定位为野生型向人工栽培型过渡的古茶树。梁河民族文化研究学者周德时认为,小寨子的古茶树人工驯化可追溯到汉代,从一些史料记载来看,极有可能是居住在这里的德昂族先民种植的。

古茶林

第三章
和谐有序的
德昂族社会

在近代的德昂族社会里，社会组织分为两种类型：一种是由其他民族统治者，如傣族土司、汉族地主在当地设立的社会组织；另一种是德昂族自己社会中产生的社会组织。前者主要是代表地方政权对德昂族进行治理，也有在德昂族中选择代理人进行管理的；后者则是德昂族在社会发展的过程中自然形成或产生的组织，尽管它们要服从上级统治者的管理，却是德昂族传统文化和社会的重要组成部分。在20世纪初，德昂族的家庭还保留着父系大家庭公社的特征，每个大家庭由三至四代有血缘关系的若干小家庭组成，共居一长房，过着集体劳动、共同消费的生活。德昂族在生产、生活和民族节日中充分体现了敬老爱老的习俗。

社会制度与组织

1950年以前,德昂族是傣族封建土司制度下的属民。德昂族的头人,多数世袭,也有由土司直接任免的,负责管理本村寨事务,为土司派款和收取贡品。老亢(达岗)相当于乡一级的组织,伙头相当于村一级的组织。德昂族头人在土司政权中职位最高的是"老亢或达岗"(汉语称"总伙头"),"老亢或达岗"管理三五个村子。村落头人称"达吉岗"(汉语称伙头)。村寨里除村寨头人"达吉岗"外,还有"达朴隆""达基格"二职,相当于副伙头。他们与伙头共同处理村寨公共事务。

这些"老亢或达岗""达吉岗""达朴隆""达基格"原本是德昂族村社内为群众办公共事务的人,但一经土司委派职务后,就变为土司统治德昂族人民的工具,承担不同的社会职能。

(1)"达岗":德昂语,俗称"老亢"或"总伙头",这是由各寨头人"达吉岗"联合选出的,是德昂族最大的头人,直接负责与土司衙门联系,执行土司地方机构的政策法规,如派款、派兵、维持秩序、处理纠纷、主持宗教活动。

(2)"达吉岗":德昂语,俗称"伙头",除具体负责征收门户捐、派粮征兵外,还管理本寨生产、生活、宗教和处理民间纠纷、公有土地的出租、接收绝嗣户及迁出户留下的土地、给新迁入户分配一些土地等。

(3)"达朴隆":德昂语,类似"副伙头",具体负责处理门户钱,把各种苛捐杂税分摊给各户,并管理本寨的婚姻事务。还负责征收门户捐、派款、派兵等。

(4)"达基格":德昂语,类似"副伙头",具体管理民事,如诉讼、盗窃、土地纠纷等。

征收的赋税由总伙头转送土司衙门。土司也给德昂族头人一定权力,允许他们向其所管村寨征收一定的赋税或劳役,一般是每年向每户人家收取一箩谷子和一个劳役工。这些头人中有的已成为本民族中的地主、富农,但从整个民族人口的比例来看,他们仅占2%左右,而且其经济力量与其他民族相比还是十分薄

最早研究德昂族的专著

自古以来德昂族祖祖辈辈耕息于大山之中

弱的。

  他们之间是有隶属关系的，如达基格不能解决的事情，请示达吉岗；达吉岗解决不了的请示达岗；达岗不能解决的问题，则召集所属村社头人大会，共同商议裁定。

  镇康、耿马的头人并不世袭，与德宏的德昂族社会略异。"达朴隆""达基格"由群众公选。群众还有一定罢免权，如群众认为某人"心不好"，办事不公平，群众有权罢免其职务。总伙头原是由各村社头人联合选出后报请土司委任的，但到近代，这

潞西市三台山乡出冬瓜村委会

种会议及头人会议已成为形式上的"民主",实际是执行土司、国民党地方机构法规的组织,成为分配负担和为国民党征收捐税、征兵的组织了。

中华人民共和国成立后,民族区域自治政策逐步得到落实,德昂族虽然人口很少,但与其他民族享有同样平等的地位,共同分享国家政权,三台山民族乡的设置,德昂族干部的培养,对其参政议政能力的提升发挥了重要作用。特别是在云南省委、省政府特殊政策的扶持下,德昂族干部队伍从无到有,结构整体呈现出不断发展的趋向。

村民自发组织——"老人组"和"青年组"

新中国成立后,德昂族村寨里还有一些人在民间事务和宗教、文化活动中起着一定的作用。负责这类组织的有老年头和青年头两类。

"青年组"

德昂族未婚青年有传统的"青年组",男女青年各有一个头目,男青年的头目叫"胡牟",女青年的头目叫"胡绍"。为了加强对"青年组"的领导,还要委任一位已婚青年担任总头,这位总头叫作"波牟"。"胡牟"和"胡绍"都从未婚青年中由大家选举产生,过去还要征求"伙头"和有威望的老人的意见,须征得他们的同意。"胡牟"和"胡绍"结婚了,就要换人,选举通常在泼水节时举行。青年头的职责主要是负责青年的成年仪式、组织青年参加公益事业(如村里举办节庆活动、举办红白喜事、修村寨里的奘房、修村里的道路等)、协调和处理青年之间的纠纷、负责跨村寨串姑娘事宜等。

三台山德昂族乡召开人民代表大会

"老年组"

在德昂族老年人中,也有负责老年组织的老年头。"老人头",德昂语叫大将;老年头有"波类"和"先生"两种。他们主要负责老年人念经拜佛及与奘房有关的事宜。老人组通常由五个人组成,他们分管着不同的工作。

"帮打嘎"是负责帮助老年头的,如买东西、跑路等,同时管理着佛爷的生活、起居,在平时负责奘房的维护、维修等;

"唆打嘎"专门负责叫人,由他来组织人们参加活动。唆打嘎叫人有一种特殊的形式,即站在高处,以"噢"字开头,用吼的办法将事情通知给村寨里的人们,每次通常要换好几个地点来通知大家;

"先生"用德昂语叫"德哩",专门负责给结婚、死人、奘房等念经,在节日期间,从第一天开始,老人起来后会在家里诵经文,除各家各户念经,整个寨子需要由先生再念一次,以祈求全寨的平安,各家各户准备5片泼水粑粑,自己留两片,其余的三片给先生;

"那桑干"负责佛和佛爷的袈裟，当然，此人要会缝纫技术；

"班达岗"主要管理奘房的财务，类似出纳和会计。

老人组由村民代表选举产生，老人组没有报酬，故通常选举家庭较宽裕并有奉献精神的老人担任。老人组的成员任期没有限制，实行终身制。但是，老人组成员在任职期间出现违规或者违反道德的地方，村民代表有权罢免其在老人组的任职资格，由村民代表另行选举产生。当老人的身体不行时或者由自己提出辞职都可以离开老人组。老人组成员由村寨代表选举产生后，必须由村寨里的佛爷出具任命书，这些被选上的老人组的老人才真正被确认为老人组的成员。当然老人组必须接受村民代表、村委会、乡政府的监督。

> **知识链接** 老年头和青年头作为德昂族的民间组织，具有一定的权威，其存在的合法性也得到政府的承认。

在德昂族村寨中，这些组织起到了村民们自我管理、自我服务的作用，在保护地方正常的生产生活秩序，满足人们的多方面需要，传承少数民族文化等方面，都发挥了一定的作用。

父系大家庭中的人际和谐

德昂族的婚姻为一夫一妻制，德昂族的婚姻基本上是遵循同姓不婚的原则，有些地方姑舅表婚比较盛行。镇康地区尚保留氏族外婚的一些特征，这里的婚姻是按固定的氏族缔结，一个氏族的青年男子基本上固定与另一个氏族女子通婚。若本村互相婚配的氏族无法找到婚姻配偶时，就到外村相配的氏族中去寻找。近年来，随着德昂族与周边各民族的交往联系日益密切，与其他民族通婚的限制已有所放松，同时，还出现了一定数量的跨境婚姻。

> **知识链接 姑舅表婚** 由"抢婚"方式走向规范的一夫一妻制的重要一步。"姑舅表婚制"，就是母舅与姑妈家的子女互通婚姻，称之为表姊妹婚姻。包括交错姑舅表婚、舅表婚和姑表婚三种形式。

德昂人的家庭组织大致有两种类型：一是居住在今德宏傣族景颇族自治州及保山市潞江坝德昂族的父系小家庭；二是居住在临沧市镇康、耿马等县德昂族的父系大家庭。

父系小家庭

德宏傣族景颇族自治州境内的德昂族，基本生活单位是父系小家庭。这种家庭多为两代至三代，即祖父母、子女和孙子、孙女。长子、次子婚后多数建立新的家庭，幼子则留在父母身边，赡养老人，继承遗产。对于另立门户的儿子，家长通常会根据家庭的经济情况，把一部分猪、牛等财产分配给他们作为生产、生活资料。但由于德昂族没有平均分配家产的习惯，因此主要还是靠各自的小家庭独立经营。

德昂族家庭成员间，男子当家做主，妇女居于从属地位。因此，在财产继承上，只有男子才能继承财产，女儿不得继承。

父系大家庭——"厚木当"

居住在今临沧市镇康、耿马等县的德昂族，在20世纪初期还保留着父系大家庭，德昂语称为"克勒"。每个村寨由2～5个不同的大家庭组成，这种大家庭叫"厚木当"。

德昂族父系大家庭最显著的标志是同一祖先后代的若干个小家庭的成员，共居于一幢"董拉"（长屋）中。"董拉"多数是从祖父到孙子三四代同堂，男子娶回的妻子及女儿招赘所建立的各

◀ 董拉（长屋）

欢舞新生活

小家庭都可包括在内。大家庭成员,多的达八九十人,少的也有20余人。在20世纪30年代尚存在于镇康德昂族大寨最大的一个大家庭,由15个小家庭组成,最兴旺时竟有89个家庭成员。

德昂族的大家庭由德高望重的长辈担任"格尼阿贡"(即家长)。"格尼阿贡"是由大家庭成员从祖父辈男子中推选出来的,领导大家庭的生产劳动、组织消费及宗教祀祭活动。同时,他也是维系本氏族成员间的团结和生产的象征。除家长外,一般还选出两人作为家长的助手,一人专管粮食,一人专管生产。大家庭内的一些重大决策,如一年的生产规划,出售剩余粮食、大牲畜等,都由他们商量决定。为了把这些工作做好,他们也会征求儿孙中有经验和有才能的人的意见。

德昂族大家庭的男女间,在日常生活中有着明确的分工。一般是男子承担开荒、犁地、收割、运输等农活,妇女承担栽秧、薅锄以及纺织、舂米、抬水、煮饭等家务劳动。炊事由妇女轮流主持，用餐时，男子先吃，妇女后吃；凡食肉类，家庭成员每人一份儿，由主妇平均分配。大家庭集体种植的棉花、大麻和烟叶，到秋收后，按个体小家庭的人数平均分配；集体收入的草烟、茶叶、竹笋等，也平均分配给每个家庭成员。在这样的大家庭中，各家庭成员在"格尼阿贡"的领导下，各尽其职，共同生活，共同消费，大家和睦相处，共享天伦。

近代以来，随着小家庭经济迅速发展，促使德昂族大家庭多数于20世纪40年代解体。到60年代初，最后一个有28个成员的大家庭也瓦解了。

和谐互助的"关格纠"家庭

允欠村德昂族村民的新房

德昂族的父系大家庭在演变为完全独立个体家庭的过程中，出现了一种过渡性的家庭形态，德昂语称为"关格纠"。在保持经济独立的前提下，虽然已经分成小家了，但仍然共居，并且在生产、生活等方面还有互相帮助的义务。"关格纠"这种家庭形态，是为了适应当时的生产和生活的实际需要而出现和存在的。"关格纠"中的各个小家庭，最初都是同一大家庭中的成员，后来发展到即使非亲非故也可以自愿组合为"关格纠"。

经济独立的小家庭，并没有另外建宅立户，仍然是三五户、七八户共居于那栋竹楼大屋中，相互间和谐互助，在生产生活上互相协助。

婚礼中敬老人

敬老爱幼代代传

婚礼中敬老人

在德昂族家庭中，长辈是家庭的核心，一切生产、生活都要听从长辈的安排；在劳动中，不让老人从事重体力劳动；在生活上，对长辈给予无微不至的关心和照顾。火塘上方的平台，是专属家中最年长的长辈，晚辈们只能坐侧面和对面，以示对长辈的尊敬。年轻人临出门，要向家中长者行辞行礼。用餐时，男性长者坐在靠火塘的位置，敬酒也要先敬长者。

除了要对自己家中的长者尊敬，对村寨中的长者也要尊敬。年轻人不敢在长者们面前说不文明言语和做不文明的行为；对歌时，凡有老人在场，唱歌对调要首先向长者们致敬，如果要唱谈情说爱的内容，要先征得长者们的同意；路遇比自己年长的人，必须主动让路并走下方，甚至低头而过。村寨里有

新郎、新娘们接受长者们的祝福

长者生病,全寨人都要去问候守夜;长者去世,全寨人都要去帮忙料理后事;在长者去世后的一个月内,寨子里的人晚上要到死者家里围坐相伴,表达对死者的缅怀和对亲属们的慰问。

德昂族除了在生产、生活中有尊敬长辈、尊敬长者的传统外,在民族节日中也充分体现出敬老爱老的习俗。每逢"尝新节",寨子里每家每户都要把寨子里的老者请到家中"尝新"。其中一位德高望重的长者,首先端起碗,举过头顶,口中念道:"给我们五谷丰登,吃不完穿不尽!"其余的人随声附和:"希望能像您老说的一样!"然后大家一起"尝新"。

除此之外,德昂族还有专门的"洗手洗脚"敬老俗,是在一年一度的"浇花节"期间举行。晚辈们把干净的温水端到家中长辈跟前,合掌叩首,检讨自己一年来不尊敬老人的过错,请长辈们批评教育并谅解;长辈们也反省自己对晚辈不够宽容之处,一起祝福全家更加团结和睦。然后,晚辈们为长辈们洗手洗脚。这既是德昂族长辈们教育儿孙们敬老爱老的生动一课,也是协调促进家庭和睦的良机。

再者,德昂族还有"贡饭节"敬老习俗,德昂语称"贡饭

长者们等待新郎、新娘举行敬老人仪式

节"为"喽蚌",也是在"浇花节"期间举行的,是德昂人对同寨老人,特别是高寿老人举行的敬老日。主妇们把自己准备的每样菜肴装一点在特制的器皿中,由小姑娘或青年妇女约上全寨参加贡饭的成员们一起到寨子里最年长的老人家中,为老人举行"贡饭"礼。老人在自家的阳台上迎接"贡饭"的队伍,她们排好队,挨个把自己准备的饭菜双手捧给老人,同时说一些祝福老人健康长寿的话,说罢下跪叩首。老人把青年们扶起,祝福大家,感谢大家无限的温情和关心。

德昂族长辈也非常关心和爱护孩子,不论是对自家孩子或寨子中别家孩子,一样地关心和爱护,教育他们从小遵守村规民约,讲道德,讲礼貌,还把自己长期以来总结的生产生活知识传授给他们。

民族习惯法

习惯法是根据社会政治、经济、文化某方面的需要,从习惯传统中筛选出来的行为规范。德昂族的习惯法在德昂族地区仍具

有深厚的影响,在他们的观念、行为、制度各个方面都可以发现古老习惯法的痕迹,如:

(1)村寨成员对公有地可谁开谁种,公有树木谁用谁砍,只需在用时告知村寨头人即可。如系私人竹木,他人需用时,应征得主人同意或出钱买得。

(2)死人必须埋在村公共坟地,不得乱葬。

(3)德昂族男子结婚后要另立小家庭。分家时,一般是长子、次子另建新家,幼子留老家与父母同居,并有财产继承权,但这也不是绝对的,也有幼子分居的。对家产的分配和处理要请头人和家族长老来主持,不论哥哥或弟弟分居,都根据家庭情况分给一份儿财产,留在本家赡养父母的,可以多分得一点。

(4)德昂族认为偷窃是最不道德的行为,偷窃的人很少。偷窃者被查获,必须赔偿。若系嫌疑人,则采用神判,即用沸水中捞铜钱之法来判定,如被怀疑者的手被沸水烫伤,即认为是盗窃犯。到近代演变为群众公判,被怀疑的人是否会偷窃,由大家根据他日常生活及道德品质来判决。当某人被确定为偷窃犯时,即命令赔偿,如不赔,由全寨公断,加倍处罚或逐出寨子。

(5)若与有夫之妇通奸被发觉,奸夫交公众处理,由寨子头人责令其改过,并罚款若干。

(6)若男女双方婚后感情不和,可以提出离婚。如果是由男人提出离婚,说清理由后,请寨子头人和家族老人吃一顿饭。如果是女人主动提出离婚,应退还结婚时丈夫家所给的彩礼。双方协商孩子的抚养。

(7)未婚女子怀孕后,男女双方愿意可以结婚,但要洗寨子,一般出一定数目的钱请寨子中老人进餐即可。

> **知识链接** **习惯法** 习惯法是独立于国家制定的法律之外,依据某种社会权威确立的、具有强制性和习惯性的行为规范的总和。习惯法既非纯粹的道德规范,也不是完全的法律规范,而是介于道德和法律之间的准法规范。

第四章
德昂族的宗教文化

德昂族普遍信仰小乘佛教（也称"南传上座部佛教"），在德昂族村寨中，"村村有奘房，家家有佛堂"，宗教文化和宗教意识深深地渗透在德昂族日常生活的诸多领域。各地德昂族信奉不同的教派，有的可以喂猪养鸡或杀牲，有的则严禁杀牲，甚至野兽严重危害庄稼也不许打猎；每逢宗教节日和忌日都不从事生产。德昂族除信佛外，同时也信仰万物有灵的原始宗教。与此相对应产生了丰富的具有民族特色的寺院文化、传统民俗、节日庆典以及带有强烈南传上座部佛教文化色彩的音乐和乐器。

遗存的原始宗教信仰

在德昂族村寨中，"村村有奘房，家家有佛堂"，群众信仰宗教非常普遍，德昂族日常生活的诸多领域都有宗教文化和宗教意识的烙印和痕迹。

任何一个民族在其生存和发展过程中，原始信仰都应该是第一阶段的信仰，是普遍存在的信仰。先民在与大自然的斗争中，由于对变化万端的自然力无法解释，产生了各种原始宗教崇拜。形形色色的自然崇拜、图腾崇拜、祖先崇拜及巫术等初级形式的宗教活动，是人类原始社会生活的重要组成部分。

德昂族先民相信万物都有灵魂，精灵、鬼魂主宰着五谷收成和人的生老病死、吉凶祸福，自然灾害都是恶鬼作祟，因此为了避凶求吉，必须对鬼魂进行祭祀和祈祷。德昂人把对自己有利的灵魂称为"阿南"，对自己不利的灵魂称为"格波累"。在德昂族古歌《灵魂词》里描述："（人的）三十二魂要统统来，九十二魄要统统到，一个不缺，一对不少，心魂别乱想，脚魂别乱跑，手魂别乱抄……"灵魂崇拜使得到现在德昂族还保留一些原始宗教信仰的仪式，比如祭寨神、祭谷娘、祭房神、祭大青树驱鬼避邪、祭寨门、祭龙王、祭地鬼、祭天、祭蛇神、祭山神。

▲

平安符

祭谷娘

作为古老的农耕民族，稻谷是德昂族的主要农作物之一。德昂人认为，谷物的种子也有灵魂，称为"谷魂"或"谷娘"，因此在开始生产前要祭谷娘，祈祷丰收。犁田耕地之前，德昂族妇女要站在田间诵祷词，祈祷谷娘来守住田地，不要让别的动物来糟蹋。播种稻谷之日的前一晚，要举行隆重的祭谷娘仪式。妇女们穿上盛装，小伙们敲着铓锣和象脚鼓，寨子里的人们牵着耕牛，赶着猪，带上鸡、米、蔬菜等食物来到田地前。佛爷、安长们诵经后，向谷地跪拜，祈祷风调雨顺好收成。之后，杀猪宰鸡，全寨人吃完饭后，妇女们就开始播种了。

在收割稻谷和打谷前，也要进行一些仪式来祭谷娘。收割稻谷期间，妇女们早出晚归，忙于田间。妇女们每家都要编扎一间小竹篾房，称为"火牙欧"。竹篾房长30~70厘米，用茅草铺顶，白纸裱糊，作为装谷娘的屋子。收割稻谷期间，妇女们要不断用酒肉饭菜等祭品供奉谷娘。

在"尝新节"的清晨，妇女一大早就起来烧火做饭，还要揉几个饭团，用芭蕉叶裹好献给谷娘，还要一边说："谷娘啊谷娘，请你尝尝新米饭。"

到了打谷的日子，德昂妇女提着装有供品的篮子，与男人们一起前往田地，登上谷垛，大声呼唤谷娘来享用供品。

祭寨神

每个德昂族寨子都有寨桩，德昂族认为这是寨子的保护神，代表着寨子的祖先，称为"贺芒"。每年五月播种前，全寨人都要停止生产，换上新的寨桩，寨门插上新的木刀、木斧和竹篓，驱恶除邪，下午太阳落山后开始封寨，不再允许人进出，直到第二天中午祭祀结束。

祭寨门

在德昂族村寨外的道口上，以木桩架设着两道寨门，横梁上插着一对或两对木刀，意寓防止恶鬼闯入村寨祸害人畜。如果寨内发现瘟疫流行，人们认为是恶鬼在作祟，遂请佛爷在寨门诵经，将恶鬼驱出寨外，祈祷全寨人畜平安。

> **知识链接** 德昂族不祭祀祖先也不扫坟，但是祭祀寨神。祭祀的对象有寨门、寨心桩、寨神等等。寨门是与鬼的分界处。

祭房神

德昂族在新竹楼建成后，均要举行祭房神（又称祭新房）的宗教仪式。新房建成当晚，老人或家长先进新房，将新火塘点燃，煮好茶水。其他成员则身背铁锅、水桶等各种炊具及衣物用品，站在楼下，故意大声问"这是谁家？"老人答："是我们家。"又问："给我们住吗？"老人答："不行，怕你们带来疾病。"成员答："我们个个身体好，没病，不疼不痒！"老人方同意他们进入新楼，之后所有家庭成员登上竹楼，进入室内煮饭吃。饭后离开，临走前由老人祈祷房神保佑全家平安。次日，全家才能携带财产和生活用品搬入新竹楼，晚上全村亲友、邻居来载歌载舞庆祝。

祭龙

祭龙主要目的是求龙保佑，风调雨顺。一般选在春季，具体日子由佛爷选定。届时要杀猪、杀鸡，由祭司画纸龙，众人叩拜，然后一起饮酒野餐，醉酒后相互打骂，发泄平时相互之间的不满。此间不许别人劝阻，直到双方斗得筋疲力尽为止，第二天再相互道歉。

祭天

由各家各户自祭，在农历七月份进行时，各家成员到自家的地里，拿着一只鸡，一壶酒，鸡头朝天，杀时让鸡血向天喷，然后把鸡向上抛去，并洒酒一盅，然后捡鸡回家烹食。

祭蛇神

德昂族在村寨周围选一较大树为蛇树，周围砌有围墙，不让其他人接近。在腊月二十这天，德昂人不干活，不吃荤，身净衣洁，各自带点粉条、豆腐、青菜之类，还带牛"笼头"一副、长刀一把挂在蛇树上。祭祀时，佛爷对蛇树念经，群众跪拜，祈求耕畜兴旺。

祭山神

如寨上有流行疾病就祭山神，否则不祭，一年只能祭一次。

祭大青树

相传佛爷从天上下来传教，是先落在大青树上，然后来到人间，因此德昂族也崇拜大青树，认为村寨中的一切事情要靠大青树保佑。大青树只能供奉，不能砍，要不断地栽，栽得越多越好，据说这样才能接上自己的命。每年傣历三月十五，全村男女老幼要参加祭祀大青树活动。每家每户选择一根"丫"形小树枝，剥去树皮，露出白洁的树干，然后用红、黄、黑、白等颜色的细线缠绕，靠在大青树上，同时供奉一些糯米粑粑和红糖块等。他们相信，这些小树权可作为长矛，护卫大青树不受侵犯，给人民带来幸福和安宁。人们外出或家里有人生病，也要祭祀大青树，要请安长（还俗和尚）或佛爷叫魂。叫魂中，还需用红、白、黑三种线捻在一起，待叫魂时，把三色线捆在大青树上，并剪下少许带回家，表示已把魂带回来了，把它拴在病人的手腕上，这样就意味着"魂已附体"，病也会好了。正因为大青树被德昂族披上了这样多的神奇色彩，所以才备受德昂族的尊敬和保护。

鬼崇拜

德昂人称鬼为"格波累"，意思是附在人身体内或在人体外对人不利的各种怪现象，主要有水鬼、地鬼、吃人鬼等。德昂人相信生老病死都是鬼在作祟，因此过去有人生病，要举行驱鬼活动。一些寺庙里的先生也扮演巫师的角色，在念经拜佛的同时也给群众相面打卦，拴线驱鬼，同时也给一些中草药。

虔诚的小乘佛教信仰者

传入

德昂族信仰的南传上座部佛教是经斯里兰卡、缅甸传至云南的，传入具体时间无从考究。小乘佛教最早先传入傣族地区，后由傣族传入德昂族中。元明时期，德昂族在政治军事斗争中屡遭失败，南传上座部佛教在德昂族中广泛宣传，满足了傣族土司和

▲

邦外佛爷塔

> **知识链接** 南传上座部佛教俗称"小乘佛教"，创立于公元前6世纪至5世纪的古印度。其创始人释迦牟尼去世后100年左右，印度原始佛教统一教分后形成了上座部和大众部两个基本派别。随后这两部进一步分裂，出现了佛教大乘派。大乘派声称其教旨在于"度众生"，而把主张"自度"（自我解脱）的原始佛教和部派佛教贬称为小乘，意即只能运载少数人至"苦海"之彼岸。小乘佛教则声称自己始终坚持佛陀之教义，称上座部。

德昂人民的愿望，因此，它在德昂族中迅速传播开来，取代了其原始宗教，或者说在某种程度上二者还有机结合了。

四个教派

南传上座部佛教在云南有四个教派："润""摆庄""多列""左抵"，这些教派德昂族都有信仰。小乘佛教作为一种最重要的文化观念，长期以来与德昂族社会和政治、经济、文化、教育等各领域相互影响，相互融合，支配着德昂族社会生活的方方面面。

大体来说，生活在畹町市芒棒的德昂人信奉"润"派；保山市大中寨等地的德昂族以及潞西市勐嘎乡茶叶管寨子、三台山乡早外寨子、马脖子寨子的德昂族属于"摆庄"派；潞西市其他德昂族村寨以及梁河二古城、盈江的松山、瑞丽的雷门、贺兰卯等村寨的德昂族信奉"多列"派；居住在临沧地区的镇康、耿马的德昂族信奉"左抵"派。

佛寺

佛寺是僧侣活动、从事宗教活动和信徒们拜佛祈祷的场所，同时还是青少年学习佛教文化的中心。德昂族根据村寨的大小和人口的多少来建盖佛寺。凡是属于古老的村寨，佛寺最有威望，而且佛寺的建筑规模也比较大，往往会成为中心佛寺。

寺院建筑群一般由净心桥、大殿、佛塔、水心奘、僧舍、厢房、小奘房、广场以及幡杆所组成。奘房通常位于村寨中地势较高之处。大殿与伙房、僧舍、礼佛朝拜之地呈"T"字形结构连接在一起。大殿是佛堂庆典的场所，神坛上挂满帷幔、各种幡旗和纸花。大殿供奉佛像，佛像塑于佛台之上，两旁通常塑有朗洼送特里和威示众。朗洼送特里系土地女神，供于佛台下方，此神的来源与释迦牟尼成佛的传说有关：释迦牟尼成佛前夜，以稻草做床，坐着念经。天快亮时，突然闯入一个妖魔，欲夺佛祖坐床，佛祖不予理睬，但心中念道：这是我的座床，土地可以来作证。蓦地，地下迸出一位女神，她梳发成河，冲走妖魔。威示众，系男神，专司记录世间善恶，取左手持簿，右手握笔之势，供于佛台左下方。传说佛祖成佛之日，他是第一个向佛祖献花的

泼水房

人,故又称他是佛的功德证人。殿内佛像背后和列柱间挂着佛教幡布和本生故事的绘画。

奘房后有一小广场,四周竖立四根幡杆连接天地。幡杆上的白幡中间饰以红、黄等色彩,状似彩虹,地狱中的灵魂以及游荡四野的孤魂顺着幡布升入天庭。佛塔立于广场旁,构造非常精美,与傣族佛塔类似。四面砌以石狮或白象,以守护佛爷。佛塔由四个小塔围绕一个大佛塔组合而成。四个小塔分别代表由天、地、神等授予佛祖的四根头发。

奘房中最有趣的建筑要数水心奘,水心奘是每年"进洼"后至"出洼"前三个月内,佛爷念"转心经"的地方。水心奘就是周围以水沟环绕的地方,除佛爷外任何人不得进入水心奘。佛寺广场外,建盖一小佛房,作为"泼水节"时沐佛所用。小佛房形状类似亭子,顶部分三层。节日当天将佛像供奉其中,然后将水倒入其特殊装置,水就会从四面旋转洒向佛像,将佛像身上的尘垢彻底清除。

> **知识链接** "水心" 即以水洗心革面,荡涤心灵的尘垢,反省自身行为的意思。

三台山乡德昂族佛塔

生活与佛教

德昂族的生活和佛教有着密切的关系。小孩出生取名字后，要到佛寺里请佛爷登记在卡片上，如果小孩的人生总是不顺或多病，要请佛爷重新取名字；人们生病，要请佛爷诵经祈福。佛爷在德昂族人中的社会地位和威望都很高。

寺院教育

德昂族的男孩儿到了7岁左右，即可入寺做学僧（嘎比），接受佛寺教育。教育内容大多是佛教经典。学习的主要科目是傣文、缅文、泰文、佛学、历史、文学、算术，甚至包括本草医药、剪纸绘画、婚丧嫁娶礼仪等。20世纪50年代前，德昂族没有学校，佛寺教育对乡村的文化教育事业有相当的影响，占有一定地位。很多德昂族的文化人都出自奘房教育。

奘房管理委员会

德昂族村寨对寺院的管理都设有一个比较完整的组织机构，称为"奘房管理委员会"，具体管理佛教的一切活动事宜。德昂族的佛寺建筑，是根据村寨的大小和人口的多寡来建的。凡是属于建寨古老的村寨，佛寺的建筑规模都较大，并有形成中心佛寺的趋势。中心佛寺住持还有对所属各寺比丘考核、批准、晋升的权力。

影响

宗教影响了德昂族群众生活的方方面面，包括社会、经济、文化、风俗习惯等。德昂族信仰不同的教派，"汝买"信仰"润"教派，可以喂猪养鸡，允许青年人杀牲；而"别列"和"梁"是信仰"左抵""多列"教派，教规特严，严禁杀牲，见杀不吃，闻声不吃，不能养猪鸡，每户仅养一只鸡报晓。信仰"左抵""多列"教派的人，长期以来在思想上形成这样一个观念，即：人是一条生命，鸟、兽、虫、鱼也是一条生命，不论弄死任何一条生命都是有罪的。即便鸟兽严重危害庄稼，也不允许捕杀，只能将鸟兽赶走。蚊虫叮咬只能吹口气把它驱开。

◀ 德昂族佛教场所

不同的教派，僧侣的职称和僧阶也有差异。德昂族信奉"多列"者较为普遍，有召尚（小和尚）、召门（二和尚）、崩几（佛爷）、希拉多（大佛爷）四个等级。由于信奉佛教，在人们的观念中存在着天堂、人间、地狱三界。天堂的天神随时俯察民间善恶，主宰人们的命运。地狱主要惩罚在世有罪者的灵魂。德昂族寺庙经常念的经书，其内容就包括佛教戒律、佛本生的故事、生死轮回善恶报应、神话故事等等，其中内容告诉德昂人在日常生活中必须遵循古老规则，因此在德昂族信仰的潜移默化下，他们为人善良，平和，生活井然有序，社会和谐。

> **知识链接** 由于各派对教理、教义和戒律的理解不同，执行戒律的宽严程度有所差异。

第五章
德昂族的风俗

  德昂族的妇女把这个民族的历史和对美好生活的追求都穿在了身上；古老的茶农不仅在制茶、饮茶上形成了自己的特点，而且更赋予了茶更丰富的内涵；靠山吃山，靠水吃水，聪慧的德昂人用大自然赐予的食材，用不同的烹饪方式做出了健康美味的食物；"董拉"和竹楼里生活着追求安宁与和谐生活的德昂世代子孙；受宗教信仰的影响，形成了德昂族具有鲜明民族特色的节庆习俗、婚俗、丧葬习俗以及禁忌习俗。德昂人通过他们多彩的习俗，向我们展示着他们的独特魅力！

独具特色的服饰习俗

每个民族的服饰都有本民族特有的文化符号，服饰是民族的外显特征，也是同一民族不同支系的重要标志。德昂族妇女服饰独具本民族的特色，通过服饰展现了德昂族的历史和文化。

历史上，汉晋时期德昂族的先民衣着以"木棉布"和"贯头衣"著称，隋唐以后，"披五色袈罗笼""藤篾缠腰，红缯布裹髻，出其余垂后为饰"是德昂族先民中妇女服饰的鲜明特征，并且一直影响至现在，今天德昂族妇女仍是包头"出其余垂后为饰"。

> **知识链接** 古代贯头衣被释为："著时从头贯之。"即是将横布缝合而成的筒裙。

不同支系的服饰

德昂族不同支系的服饰有明显差别。在中国境内的德昂族有三个支系："梁""别列""汝买"，根据妇女服饰颜色和装饰的不同，人们也分别称其为"花德昂""红德昂""黑德昂"。"花德昂"妇女的衣裙织有匀称的蓝、红色横条纹；"红德昂"妇女长裙的下摆织有一段宽约15~20厘米的火红色横条纹；"黑德昂"妇女的长裙上则以蓝黑色为底色，间织着红、绿、白等色的细条纹。德昂族根据妇女服饰就可以辨认出其所属的支系。因此，德昂族妇女的服饰是区分不同支系的重要标志。

不论哪个支系的服饰都有一些共同特点。传统服饰以深色为主，男子多裹青色头巾，头巾两端饰以彩色绒球，穿蓝、黑大襟上衣及裤脚宽大的半截裤子，扎青布长条裹腿。过去男子左耳戴大银耳筒，佩戴银项圈，外出时喜欢佩戴一把长刀，背一个挎包，有铜炮枪的还要扛上枪。

德昂族妇女多穿黑色、藏青色的对襟上衣和手工编织的筒裙，佩戴银项圈、耳筒、耳坠、红绒球等首饰。德昂族妇女服饰中，最显眼的是腰箍，它是德昂族妇女特有的一种装饰品，德昂

红德昂妇女盛装

语称"脑",是德昂族女孩儿成年的象征。这种装饰品的式样多种多样,"花德昂"多采用草藤来制作,"红德昂"和"黑德昂"多采用藤篾来制作,藤篾上面还漆上红漆或黑漆。藤篾腰箍很细,妇女们一般要戴20~30道,也有一些地方的妇女用竹片削制而成,腰箍大约一指多宽,上面还要装饰上各种花纹图案,并缠上银丝,一般戴3~5道。对于德昂女子来说,藤篾腰箍是她们勤劳、聪明的形象标志,因为德昂族人认为,姑娘身上佩的腰箍越多,做得越精致,越说明这个姑娘勤劳、有智慧。腰箍还是青年男女的爱情信物。在青年男女社会交往中,小伙子为了获得姑娘的爱,往往费尽心思,精心制作有动植物花纹图案的腰箍送给心上人佩戴。

银耳筒

第五章 德昂族的风俗

不同年龄的服饰

不同年龄的德昂族服饰也有所区别。德昂族姑娘在13岁以前，上衣着青布或白布短衫，下身着戴挂肩的青布小裙，不缠腰箍，不戴包头，留短发，戴一顶用红、黄、绿各色布连缀成的瓜皮小帽，帽顶扎一朵大红绒线球，帽檐前面镶满银泡、小银佛像或银币作为装饰品，双耳穿孔，孔内系一根小绳或用小竹棍横插着，稍大一些两耳戴小银圈或小银片耳坠，直至成年换成食指粗长的银耳筒，两耳筒下各吊一串银片，系一朵大红绒线球。脖颈

邦外儿童服装

老年服装

中年男子服饰

中年妇女服装

戴着几根银项圈，项圈上挂着色彩鲜艳、大小不一的各色绒球，衣袖镶着各色小绒球。

成年女性和老年妇女一般多穿藏青色或黑色的对襟短上衣，裙边镶两条直条红布，钉上4~5副大方块银扣。短上衣前后衣摆、袖口边沿用红、绿、黄三色小绒球装饰，常因支系的不同、年龄的不同而加以不同的装饰。下裳着长裙，长裙上遮乳房，下及踝骨，腰系藤篾腰箍。

男孩在7岁之前头戴瓜皮小帽，帽檐镶嵌三排银泡，帽顶系红绒线球；7岁以后就不戴了。上衣着青布对襟开衫，翻领，下穿宽脚短裤。青年男子的服饰讲究装饰，衣襟多钉有银泡，缀满小红绒线球。老年男子多戴青色或白色布包，穿青色大襟衣，裤子短而裤脚肥大，扎青布绑腿。

"一身穿着的传说"

人们说德昂族妇女"一身穿着的传说"。古老的德昂族，独特的服饰，在诉说着一个个古老的神话和故事，呈现着德昂族悠久而鲜活的历史。

关于德昂族妇女服饰的颜色，流传着一个生动的故事。传说德昂族先民的母亲是青龙，在孩子长大成人后她从山顶的洞穴爬出返回湖里。经过老大"梁"住的山顶时，朝阳照在身上，花花红红；中午经过老二"布列"住的山腰时，阳光照在身上一片火红；傍晚经过老三"汝买"住的山脚，夕阳照在身上，泛起浅浅的鳞光。她的孩子们就仿照这些颜色，做出了各个支系的不同服饰。德昂族支系的服饰也有一个传说：

古时候在一片原始森林里，居住着一位德高望重的法师，名叫苏畹那喋那和徒弟居木德瓦哈那。居木德瓦哈那继承了法师的衣钵，善飞。一天，在追逐鹿的途中，他听到了美丽动人的歌声，便顺着歌声传来的方向寻去，他走到明德瓦读湖畔的时候，发现湖中有7位龙姑娘在洗澡，她们一边嬉戏，一边唱歌。居木德瓦哈那情不自禁地和龙姑娘寒暄起来，当姐妹们发现大姐正和居木德瓦哈那会晤时，便悄悄地消失在湖中。夕阳西下，夜幕降临了，两人依依不舍，就在湖的对面"町卡如那"岩洞里住下。数月后，龙姑娘有了身孕，这一天，居木德瓦哈那回来时发现床上躺着一条巨大的龙，吓晕倒过去，醒来时发现却已经躺在妻子的身边，居木德瓦哈那仔细地问了刚才所发生的一切，龙姑娘吞吞吐吐不愿意显露自己的身世。面对眼前的事实，居木德瓦哈那感到恐惧，忐忑不安，便对龙姑娘说："我们不能在一起生活了。" 随后就直向空中的太阳飞去。几个月过去了，龙姑娘生了三男三女。她精心地哺育这些孩子18年，随后就让他们成婚，大的娶大的，小的娶小的，分成了三个姓氏，老大叫"格昂达"、老二叫"格昂弄"、老三叫"格昂点"。一天孩子们突然问起龙姑娘："我们的阿爸是谁？"龙姑娘犹豫了片刻说："你们往天上看，首先看到的是什么，什么就是你们的阿爸。" 孩子们跑到洞外往天上看，首先看到的是太阳，于是就认太阳为父亲。 时间久了，龙姑娘不能和孩子们在一起生活了，她要恢复原形，要从山顶爬到山脚,再爬回她的老家明德瓦读湖里去。

已经各自成家的孩子们,大的叫"梁"住在山顶;老二叫"布列"住在半山腰;老三叫"汝买"住在山脚。这天清晨,龙姑娘从山洞里缓缓地爬出来,暖暖的太阳照在她的身上,显现出一道道花红的条纹。"梁"见了就说:"原来我阿妈就是这样的。"老大就以此时见到阿妈的样子缝制了"梁"支系的妇女服饰;中午,火辣辣的太阳直射在龙姑娘的身上,显出一大块红色条纹,"布列"见了就说:"原来我阿妈就是这样的。"布列就以此时见到的阿妈样子缝制了"布列"支系妇女的服饰;傍晚,龙姑娘爬到了山脚,夕阳的光辉照在龙姑娘的身上,显出一条条暗黄色的条纹,汝买见了就说:"原来我阿妈就是这样的。"就以此时阿妈的样子缝制了"汝买"支系的妇女的服饰。于是,各支德昂支系的妇女服饰便这样形成了。

德昂族妇女的腰箍上,也书写着一个古老的故事。据说古时候,德昂族的妇女会飞,满天乱飞。姑娘们又聪明又伶俐,她们晚上飞出去串寨子,男人们则留在家里编织篮子。有一天晚上,男人们还没有编完一个竹篮子,姑娘们却串了七个寨子。男人们不满意了,他们想了一个法子,用藤篾做成了腰箍,抛上天空把她们套住。从此,德昂族姑娘就不能再飞了,纷纷落到地上与男人们一起生活,她们天天守在家里,而让男人们去串寨子了。

悠久且富内涵的茶俗

德昂族自古尚茶,茶与他们的历史、生活、文化紧密相连。茶叶在该民族的社会生活中有着广泛的用途,他们对茶叶也有特殊的感情。在长期的知茶、种茶、制茶、用茶的过程中形成了自己独特的茶俗文化。

传说与茶

德昂族的种茶历史悠久。传说,德昂族王子的妻子外出获得天上两位仙人放在岸边的宝物,王子一看,是一包茶种,而王子之母为一盲人，以手摸之，并说"这是药吗？"其眼突然见亮了，因此德昂语称茶叶为"牙茵"，即"眼睛亮了"之意。从此以后，德昂族开始种茶。

德昂族的创世史诗《达古达楞格莱标》说，德昂族的始祖是由两片茶叶变成的。德昂族好饮浓茶、善于种植茶树的悠久历史正是这一茶叶仙子神话传说产生的源泉。德昂族把茶叶视为自己的图腾。早在遥远的图腾时代，每当举行图腾仪式之时，他们的佛爷和首领就带领族人朝着大山顶礼膜拜。他们更把由天国的茶树精灵下凡的一对男女青年——即达楞和亚楞视为自己的祖先，奉为自己的保护神和始祖神。

古老茶树

德昂族在历史上无论迁徙到何处，都要种下茶树，在他们迁离的地方都留下了茶林的遗迹。盈江县的苏典山里有树龄在千年以上的茶树；铜壁关附近的山丘上，有成片的老茶树；支丹山区保留有德昂族先民种植的最早的茶树，当地人称为"崩龙茶"。瑞丽市户育的雷弄山上，德昂人留下了片片茶林。陇川县城东巴达山右边的山坡被景颇族称为"牙茵广"，德昂语即"茶叶山"。德昂族居住的山上，二三百年树龄的栽培型古茶树至今还很多，传说是祖先留给后人养生的"宝物"，片片古茶林能保存就像古歌里写的那样："茶叶是德昂族的命脉，有德昂人的地方就有茶山，神奇的'古歌'代代流传，德昂人身上飘着茶叶的香。"

德昂族男女都喜欢饮茶，尤其是成年男子和中老年妇女几乎一日不可无茶，而且好饮浓茶，又叫土罐茶。他们喝茶时，把茶叶放入一个小茶罐里加少量水煎煮，等到茶呈深咖啡色时，将茶水倒在小茶盅里饮用。还有一种冲泡方式叫烤茶，即把装有茶叶的茶罐放到火塘上烤出香味后，加入开水，顿时茶香扑鼻，茶味浓郁。这两种方式冲泡出来的茶都非常浓酽，所以一般人喝了极易兴奋，夜晚会彻夜难眠。而德昂人因经常饮用，却喝上了瘾，只要一日不喝，便会手脚酸软，四肢

◀ 烤茶竹筒

无力。相反，如果在劳累之时煮一罐浓茶，大有提神解乏之效。

制茶

德昂人不仅制干茶，还制作酸茶，也称为"湿茶"或"谷茶"。他们将采回家的新鲜茶叶进行蒸煮，茶叶变软后再放到竹箕上搓揉，然后放入大竹筒中压紧密封，倒置竹筒，滤出竹筒内的水分，两天后再用灰泥把口封起来，使之发酵糖化。食用时不必加水煎煮。其味微酸苦，略带甜味，更具解暑清热之功效。

烤茶 ▶

腌茶是德昂族的特色佳肴。腌茶一般在雨季，鲜叶采下后，洗净，用盐巴、辣椒拌和后，立即放入陶缸内，然后用很重的盖子盖严压紧。存放几个月后，即成为"腌茶"，取出当菜食用，也可作零食嚼用。

交流媒介

在德昂族的日常生活中，茶叶具有一种特殊的作用，茶不仅是饮品，而且和德昂族的生活息息相关，是德昂族社会生活和交往的重要媒介。办事要将茶叶当作礼品赠送给他人，表明"茶到意到"；去探望很久不见的亲戚朋友，带一份茶叶见面礼赠对方；有客人来，主人家首先是烧水煨茶招待；男青年求婚请媒人去说亲时，也要带一包两三斤重的茶叶前往女方家；如果有喜庆事需邀请亲朋好友光临，要送一小包扎有红十字线的茶叶作为表示；办丧事请客时要送一小包用竹篾或竹麻拦腰捆扎的茶叶；如果群众之间发生纠纷，某一方因有过失，要求得到对方谅解时，也先送一包茶叶给对方，当有过失的一方主动送了茶叶，另一方再有理也要加以原谅。总之，按不同的场合大概可以分为以下几种：择偶茶、提亲茶、定亲茶、迎客茶、敬客茶、送客茶、回心茶、和睦茶、唤魂茶、建房茶、认干爹茶等。德昂人以茶代言，传递信息，沟通情感，他们说："离开了茶叶办不了事。"茶作为德昂族自古以来一直饮用的天然饮料，成为德昂族文化的一种特殊载体，形成特殊的茶俗文化和功能，茶与德昂族文化有机地结合，其社会功用大大超出了它的自然使用功能。

独特的饮食习俗

德昂族生活的自然环境、宗教信仰、生产方式等因素，决定了他们独特的饮食习俗。因为德昂人全民信仰小乘佛教，很多饮食生活习惯都被宗教化，和尚和信徒虽然不禁肉食，但严禁杀生，有见杀不吃、闻声不吃的戒律，为了不杀生，信徒家庭中不能养猪、鸡、鹅、鸭，食用这部分肉类只能到市场交换、购买或者请其他民族来宰杀。大多数德昂人形成了以素食为主的饮食习惯。

主食和蔬菜

德昂族聚居地区属亚热带雨林山区，气候湿热，雨量充沛，土地肥沃，适宜种植水稻、旱谷、玉米和薯类，也适宜种植茶树、蔬菜和水果。德昂族地区一

◀ 德昂族菜肴

般以大米为主食，掺以玉米、荞子、豆类，个别地区以玉米、荞子为主粮。1950年前曾普遍采集野枇杷、野菜等与粮食一起食用。蔬菜种类比较丰富，有白菜、青菜、萝卜、韭菜、番茄、茄子、茴香、辣椒等；瓜豆类有南瓜、黄瓜、豌豆、西瓜、蚕豆、四季豆、毛豆、洋芋、芋头等。这些瓜果蔬菜多在房前屋后的菜园子和旱谷地间种植。由于居住地多产竹子，所以鲜嫩的竹笋也是德昂族餐桌上的常见菜。德昂族除了食用自种的蔬菜外，还喜欢采集山间田沟中的野菜，如鱼腥菜、秧鸡菜、依格曼叶菜等食用。

烹饪方式

德昂族的饮食受所居住的环境和气候影响，因为居住地炎热，所以德昂族喜酸、辣、苦、凉、咸，利于开胃、消暑、解毒、杀菌。烹制方法大体可分为舂、烤、煮、剁、炸、腌六种烹制方法。

舂 用一节竹子做的竹筒和木棒做的舂子为工具，原料可以是野菜、野果和各类蔬菜，亦可以是肉类。舂菜要加佐料，豆豉是必需的，其次是小米辣、姜、葱、蒜、苤菜、小酸茄、野芫荽、芝麻、花生、核桃等，佐料越全，味道越好。舂菜全是凉的，夏天吃起来格外爽口。牛、鹿、麂肉等，可直接用明火烤吃，烤干后再捣为肉松。

烤 用蕉叶将肉加山胡椒树皮或叶、橘子皮或叶、花椒叶、打捧香、砂仁叶、草果叶、金芥、香柳、枫茅草、缅芫荽、大叶芫荽、姜、葱、苤菜等佐料包好，慢慢在火灰中低温烘烤焙热。

煮 凡是肉类均可用竹筒煮。

剁 德昂族喜欢将生肉切碎剁烂，加辛辣酸香等调料，佐苤菜、野芹菜、马蹄菜、韭菜、茴香、米线等食用。

炸 煎荷包蛋蜂蛹，油炸知了、竹虫、藤子虫、栗柴虫、飞蚂蚁、栗子虫、沙虫、干白花骨朵和各类肉干巴等，均是很有魅力的菜。

腌 由于居住环境炎热，德昂族喜食酸、辣、苦类食物，以利开胃、消暑、解毒。德昂族喜爱酸性食物，有着丰富的腌制经验，且极富本民族特色。主要有以下几种：一是酸腌菜，分为水

> **知识链接**
>
> **酸笋** 德昂语称"崩板"。用龙竹笋（家竹笋）或野生竹笋加工而成。把切好的笋丝放入洁净的罐里压紧，放入凉水腌几天，就变成了酸笋子。
>
> **干细笋** 将新鲜细笋丝放入罐子或竹筐里，或挖一个土坑，把笋丝放在坑内，腌3~5天后取出，晒干即成。也可以直接将酸笋子放在阳光下，晒干后即成。
>
> **干巴笋** 用鲜品竹芽蒸至八九成熟，划开晒干即成，吃时用开水浸泡后，凉拌食用。
>
> **灰笋** 德昂语称"崩安"，将竹笋剥皮洗净，切片或丝，用加入了灶灰的温水浸泡12小时左右即成，食用时漂洗干净后炒食或煮食。
>
> **烂笋** 德昂语称"崩恩"。在箩筐内围以芭蕉叶，将鲜笋切片或切丝放于箩筐内，上用芭蕉叶捂盖，在室外露天下放数夜即可煮食。
>
> **腌笋** 德昂语称"崩然"。将鲜笋切丝生腌和煮熟后腌。用竹编漏斗型箩筐（德昂语称"周"），箩筐内壁用冬叶围紧，笋丝层层压紧装满后封顶，用石块加压在上，一个大箩筐可放上百公斤笋丝，若不漏气，可保存数年，时间越久味道越鲜美。

腌菜和辣腌菜两种。二是腌竹笋。三是干巴菜。四是酸扒菜。五是酸木瓜。六是腌豆豉。七是腌卤腐。竹笋的食用方法有十余种，如鲜笋、干细笋丝、干巴笋、灰笋、酸笋、烂笋等等。德昂族招待客人、举办酒宴一般都要做多种由竹笋做成的菜，有名的菜肴有酸笋煮鱼、酸笋煮鸡、酸笋煮牛肉等。德昂族传统饮食中还有一种臭菜，闻起来很臭，吃起来很香。

炊具

德昂族的主要炊具有三角架、铁锅、木甑、木盐臼、土水缸等。加工粮食的主要工具有石磨、木碓、脚碓等。20世纪80年代开始使用碾米机和粉碎机碾米、磨面。

嚼烟

德昂族男女老幼都喜嚼烟。他们将草烟丝、沙基、槟榔、芦字和熟石灰放于口内咀嚼，直到出现红沫才吐出。据说可以保护牙齿、清洁口腔，经常嚼烟的人牙齿被染成黑色，嘴唇被染成红色。平时，他们把烟丝随身携带，朋友相会时互相递送，已经成为一种社交礼仪。现在，年轻人喜欢洁白的牙齿，很少咀嚼烟丝了，在部分中老年人中还保留着这种习俗。

制糖

新中国成立前，傣族、德昂族都会用本地草甘蔗的汁来熬糖。但德昂族熬糖的技术比较高，如原居于潞西遮放芒养村的德昂族熬出来的糖，工艺与众不同，色泽金黄，清亮透明，在当地很有名气。

居住习俗：依山建竹楼而居

德昂族的村落一般都在海拔1 500米左右的半山区，房屋多为干栏竹楼建筑结构，村寨周围种有竹林和茶园。

干栏式竹楼建筑结构

德昂族地区一般为一家一院，主房住人、煮饭、贮藏粮食及其他用具，附房用作堆柴草及安装脚碓。住宅大多数是干栏式竹楼建筑结构，多用木料做框架，梁柱之间均用斧凿穿斗结合而成，不用钉子固定，因此也称"穿斗房"，其他部分如椽子、楼

邦外村
▼

德昂族的干栏式住宅

板、晒台、围壁、门、楼梯等均用竹子为原料。房屋底部用数十根木柱支撑，四周不加遮挡，用以饲养牲畜或堆放杂物。楼上住人，四周围以竹篾或木板，内部用竹笆隔成数间卧室。这种建筑就地取材，通风凉爽，避免潮湿和洪水、虫蛇侵害，适合南方湿热气候环境。竹楼内一般设两个火塘，外火塘设在堂屋，用以烧茶招待客人。有姑娘的人家一般在姑娘十五六岁时在姑娘房内设置火塘，平时用来做饭，也用于接待小伙子串姑娘。楼房设楼梯两个，一个设在正门，登上楼梯，在侧面建有晒台；另一处楼梯设在姑娘房的后门，按传统规矩，外来客人不能走后面的楼梯，但小伙子串姑娘可以走这个楼梯。

竹楼的传说

竹楼的建筑特点很像古代作战时的头盔，因此，在这一地区一直有着"诸葛亮的帽子与德昂族的房子"的传说：

诸葛亮当年率兵南征，来到德昂山寨。有一天突遭袭击，受伤遇险，幸得勇敢善良的德昂姑娘阿诺相救，才得以化险为夷，转危为安。在短暂的接触中，二人产生了感情。但诸葛亮当时重任在肩，不得不抛弃儿女情长，于是就把自己的帽子留给阿诺作为信物。阿诺痴情地等待了十八年，等来的却是心上人的死讯。从此，心碎肠断的阿诺不吃不睡，每天呆立村头，望着心上人南去的路。到第三十三天，突然雷电交加，大雨倾盆。当雨过天晴之后，阿诺消失了。而她站立的地方却出现了同诸葛亮的帽子一模一样的房子，这就是德昂人后来居住的竹楼。

房屋与家庭人口

房屋的大小视家庭人口多少而定。一般底部纵横竖立20~25根柱子，房屋呈方形。临沧地区的住居较大，一幢房子约占地四五百平方米，多数是二三户或四五户小家庭同住一幢房子内，到1950年前保留最大的一幢长达50米、宽约15米。这样庞大的竹木结构建筑物，具有较高的建筑水平。中间还有宽敞的走道，走道两旁为各小家庭住间，人口多的家庭可住两三间。户与户之间隔以竹壁，在各户的主间旁还设有招待佛爷及客人的地方。

居住的变化

中华人民共和国成立前，德昂族地区瓦房很少。后随着生产关系的调整、经济的发展，在政府的扶持下，德昂族的住宅也在

德昂族的传统民居——草顶斤楼

相应地发生改变，原来的草房逐渐被瓦房所取代。这些瓦房的建筑仍然保留着原来的民族建筑形式，只是由原来的竹楼变成了木板楼，草顶换成了瓦顶，竹壁改用板壁或土坯墙，也有的建成当地汉族住宅形式的瓦房。

近年来，一些德昂族人从山顶搬迁到坝区或者山脚，比如三台山的出冬瓜新村，他们除了建造瓦房外，有的还建成了钢筋混凝土结构并装有玻璃窗的现代化住宅，楼下可用于摆放农具、停放自行车和拖拉机，畜厩也在住宅外另建了。

多姿多彩的节庆习俗

德昂族老幼皆虔诚笃信南传上座部佛教，因此他们的传统节日大多与佛教和原始宗教有关。

浇花节

浇花节是德昂族最有标志性的传统节日，于每年农历清明节后第七天举行。浇花节的渊源与南传上座部佛教传入德昂族地区有密切的关系。

关于浇花节有两个美丽的传说：一说释迦牟尼佛为关怀民间疾苦，见老天久旱不雨，便告知德昂族每年要举行堆沙节，各信徒提水泼于佛身，天即降甘露以拯救百姓，并保佑德昂族人民清吉平安、五谷丰登。另一个传说：古代一个精明能干的天神阿郎因病早逝，尸体发臭，天遂降雨冲刷其尸体，导致污水流入井水人不能饮用，人们便汲水将阿郎尸体洗净才不发臭。

浇花节正式节期为五天，第一天的仪式活动有采花、请佛、浴佛、打水、守佛。清晨，全村的男女老少穿上节日的盛装，前往山上采撷泼水花。青年男性敲着象脚鼓、铓锣在前面引路，女性紧跟其后边走边舞。人们把采回的泼水花插在小佛房上，便在佛爷或老人的主持下开始请佛，把十几尊小佛像搬到小佛房的竹桌上。村民齐集小佛房前听佛爷或"德里"诵经，诵经完毕，用清水倒入水龙槽内，使水转动旋转花筒，将水喷洒四周的佛像。接下来青年人要不定时地去附近的水洼取水浴佛，一天取两三

浇花节

次。到了晚上，老人们会睡在奘房外面的棚舍里守佛，并给青年人讲佛经故事。第二天、第三天除去采花、请佛的环节外，和第一天一样不定时地打水、浴佛。第四天，村寨之间的联欢，即串寨子。第五天，送佛、堆沙、祭寨心。早晨，村民齐集在小佛房周围诵经，把佛送回奘房，同时在奘房外的广场上堆沙（德昂语系"扎地同麻"），建一座七级木塔（拱母），塔高二至三米不等，四周以竹篾围成圆状，最后向竹笆棚内倒入细沙，并供以各色幡旗、香柱、蜡条、米花、泼水粑粑等。沙堆代表人们对佛祖的诚心和承诺。即日还要去祭寨心（也叫寨桩，德昂语称"乌曼"），是最初建村寨时埋下的，代表本村寨的祖先，祭寨心的目的是保佑全村人清吉平安。到此，整个浇花节就结束了。

德昂族的浇花节有以下几个仪式：

赕佛仪式 节日第一天清晨，信众从家里携带事先准备好的各种供品前来奘房赕佛，进入奘房以后即把供品赕给佛爷，佛爷要向信众念一段"芒格拉"（指祝福语），大概内容是："感谢你送给我吃的、用的，我祝你祖祖辈辈都有吃有穿，祝你一家身体健康，万事如意，明年比今年更好。"

知识链接 "赕"信仰南传佛教地区的专有用语，指信众向佛奉献财物以求消灾赐福。

请佛仪式 赕佛仪式结束后,佛爷开始请佛了,前来奘房的信众皆双手合十,虔诚地跪在奘房内的地板上,聆听佛爷诵经:"尊敬的佛祖,今天我们过节,我带着我们各家各户来请示佛,我们要请佛出来住,要给你洗浴干净,希望你更好看些,希望佛能体谅我们的善心,过去一年我们有什么不对的地方,向佛请示,希望佛原谅我们。在一年当中,希望佛保佑我们更顺利,和平幸福,幸福美好。"

当佛爷诵完这段经文以后,信众们在佛爷的带领下开始齐声念如下经文:

尊敬的佛祖,我笃信这样的佛教。同时,我要求自己不再去偷、抢、打、骂别人,不做下流的事情。我会好好的信它。只有它才会带我们过上幸福的生活,它会让我的心走向很正直的道路。我信了佛教以后,会尊重老人、爱护儿女、拥护民族。

我们要听佛爷的话,听老人的话,不参加不愉快的活动。不要有打架斗殴的事,要尊重父母,爱护民族。父母教育我们不要去偷东西,不去做坏事,不抢别人的东西,更不要去做恶劣的事。不管我们遇到什么民族,包括国外的那些民族,我们都是亲戚朋友,要团结一致,只有这样我们才能和睦相处,共同发展。

这些是祖祖辈辈传下来的,让我们这样去相信的。这是很值得尊敬的。如果我们不信它,社会就会发生大的动乱,我们就不会幸福。

滴水仪式 人们把佛像从奘房请到竜亭放置好之后,要举行滴水仪式,即往地上滴清净之水,并诵如下的经文:"各路神仙,我们已经用水来供奉过你了,给你施过功德了,请求你帮我记住我的过失和德行,同时保佑我们不要再去闯祸,不要让我们去犯同样的错误。"

浴佛仪式 浴佛前,佛爷要带领村民诵一段经文,大意是:"尊敬的佛祖,我们已经把你请出来了,在以后的几天里我们会每天用清水来洗浴你,希望你干干净净的,请佛保佑我们也干干净净的。"

守佛仪式 佛像请出奘房以后,老人每晚都要来守佛,守佛时佛爷会在竜亭处诵经并向佛祷告,大意是:"今天我们去打水、泼水、采花,可能会得罪山神及各路神仙,或者踩死了虫蚁等,我们现在要在佛前祷告,向佛忏悔自己的罪过,请求佛的原谅。"

开门节与关门节

每年傣历九月十五日至十二月间,即农历六月中旬至九月,为德昂族的关门节。关门节,又称为进洼或"入雨安居"节,从九月十五日起的三个月内,寺院里的佛爷停止外出,紧闭佛门,静居念经;青年男女也要关起恋爱和婚姻之门。从关门这天起,人们都到佛寺静坐参禅,听佛爷讲经说法。老年男子有的迁到寺中住宿,中年男子则每七日必留寺中三日。住宿寺中时,不出寺门,一切生活与和尚相同。

邦外奘房外出洼时立的董砍

在关门节之后的三个月内,还有跳小摆、悼亡灵、过小节等三个节日。

开门节又称"出洼"或"出雨安居"节。傣历十二月十五日,关闭三月之久的佛寺正门又被重新打开,从即日起,村民们又可走村串寨,访亲问友,关闭着的爱情、婚姻之门也重新敞开。此时,雨季已过,新稻也收割完毕,农活逐渐减少。因此,开门节又是一个庆贺秋收的节日。

烧白柴

烧白柴是在傣历三月，即农历腊月十四举行。据神话传说，白柴代表着因安排生产节令有误而被杀的天神之骨，烧白柴是求天下太平。但信徒普遍认为因天气严寒，怕佛祖受冻，需烧白柴，为佛驱寒，增加暖意。

烧白柴那天，信徒们在村外广场或大青树旁搭建一座白柴宝塔，内塞茅草。傍晚，寨内外男女青年聚集在"白柴塔"周围，敲锣打鼓尽情舞蹈，由佛爷和安长诵经祈祷。诵经完毕后，由安长或寨中老人用火把将塔尖的茅草点燃。男女青年敲锣打鼓庆贺，直到白柴烧完才回家。

烧白柴

> **知识链接**
>
> **白柴** 根据德昂族的神话传说，是指天神的白骨。"烧白柴"活动中的白柴实为事先砍伐的泡木树晒干后，将树皮剥掉就呈现出白色。
>
> **"做摆"** 德昂族人赕佛活动之一。"做摆"日期是根据村寨是否具有财物条件来决定举行的。日期不定，数年举行一次，每次3—5天。由村寨头人、家族长共同推选出"做摆"的承头人。承头人选出之后，便着手筹集资金，并到寺院拜赕佛，敬献贡品等。"做摆"之意是祈一村寨和家中人平安生活、消祛灾难。由佛爷念《长拉尼亚》经，以求大家有吃有穿，年年富有。

德昂族节庆

传统而独特的婚恋习俗

串姑娘

德昂族的未婚青年男女有自行择偶的自由。通常通过串姑娘、对歌、送竹篮的方式确定恋爱关系。小姑娘和小伙子在15—16岁以后就可以加入青年组织，集体或单独地进行"串姑娘"活动。在夜幕降临后，小伙子到姑娘家竹楼外，在谈话或对歌中表达自己的爱慕。

婚礼上对歌

小伙子吹着芦笙或弹着三弦，来到姑娘家竹楼下，唱道：
亲爱的屋里小阿妹
请你把火烧旺
把门打开
阿哥有情有意登门来
知心话儿要对你讲
日日夜夜把你想……
如果姑娘与小伙子搭话或对歌，则表示姑娘喜欢小伙子且愿意和小伙子恋爱，并把小伙子迎进家中，在火塘边饮茶对歌交谈。小伙子进门时,是从房屋后面的后门进入的,此门是为姑娘自家人和来串姑娘的小伙进出而设的。在串姑娘的过程中,姑娘的父母主动进到旁边的卧室里休息,把火塘让给姑娘和小伙子,对他们来说,知道是谁来了也并不重要,只要有人来串姑娘,来的人越多表明他们的女儿越优秀、受欢迎,他们越高兴。

愉快的"串姑娘"结束时,青年男女不得不分离了,小伙唱道:

你这口井水好好地在,
明年我还要来喝,
你这口井不要急,
明年我还来竹楼吹芦笙。

姑娘对唱:

你不要忘记我,
请你爸打一道铁腰箍,
你阿妈做一道篾腰箍,
送来给我,
我们一起生活。……

还有一种集体串姑娘的方式,是男女青年的集体交友活动,通常在节日或婚礼时举行,一般是在青年头头的带领下,男女青年们在一起集体对歌,通过对歌相互认识、相互了解和相互选择。情投意合的男女会单独进行串姑娘的活动。

说媒提亲

经过一段时间的了解和认识,如果男女双方情投意合,愿意订下终身时,小伙、姑娘不会用言语直言相告父母及长辈,而是以茶相告。小伙子会送给姑娘一包茶叶,姑娘把这包茶叶挂在父母床头,就表示自己有了对象。如果女孩的父母对小伙子不满意,就会把茶叶退还回去,以表示拒绝他再来串姑娘。若满意,就会收下茶叶,之后,小伙子的家长就请能言善辩的亲戚和老人前去说媒。

提亲人去女方家提亲时,不必带别的礼物,只要在筒帕里装上一包茶(半斤左右)。到了女方家后,亦不必先以言语表述,只需将茶放到供盘上,双手递到主人面前,主人即知道提亲人的

◀ 说媒提亲

来意。但是在一般情况下,女方家长不会马上同意这门婚事,但托辞非常委婉和具有艺术性,不会让媒人觉得女方父母是不同意这门婚事。要经过一而再、再而三的说媒,女孩的父亲才会同意把女儿许配给小伙,整个过程富有喜剧色彩。男方父母知道女方家长应允儿女婚事之后,便请媒人再次携带茶叶一斤,另加酒肉若干斤,赴女方家宴请女方父母和老人、舅舅等。席前,先由男方叔叔、伯父、姐姐向女方父母赠送茶叶一包,接着再由他们陪同男青年以茶认亲。

聘礼

男青年的家长托媒人到女方家说亲,并付聘礼,之后择吉日办理完婚事宜。德昂族传统的聘礼,与其他民族相比是比较少的。接新娘的人们的背篓里,装着约1公斤草烟、4碗大米,还有媒人带的8元钱(6元给爹娘,2元给内亲)。

随着本民族社会经济的发展及受周围民族的影响,德昂族也逐渐改变了低聘礼的习俗。有的男青年家因无力支付聘礼和结婚费用,便到女方家入赘,这样可免去聘礼及婚礼费用。因此有的地区入赘现象比较流行。送完了聘礼,方可迎娶新娘。

婚礼

德昂族因信仰小乘佛教,恋爱、结婚时间都受一定限制,一般都在当年10月到次年的4月之间。

德昂族新郎、新娘换上婚礼服装

德昂族新娘出嫁的前一夜,村里的男女青年都不约而同地聚集在新娘家里的火塘边谈笑。青年男女、少男少女们坐定以后,新娘或新娘的女友便将装有草烟、石灰、沙棘、芦子等的烟盒请客人嚼烟。大家一边嚼烟一边谈笑,新娘和朋友们互相祝福,表达临别之情。这时候,小伙子们为了表达对新娘的惜别心情,取出随身携带的芦笙合奏"伤心调"。过一段时间再由演奏最好的一个小伙子独奏。"伤心调"委婉动人,带有浓厚的哀伤情调。他们以这样的哀伤情调作为送给即将出嫁的新娘的礼物。

结婚这一天,新郎在伴郎、媒人的陪同下去迎接新娘。新娘梳妆打扮完毕离开娘家时,由两个伴娘、姊妹及未婚青年送行,并将女方家长陪嫁的衣物、锄头、镰刀等嫁妆及女方赠给男方父母的衣服等带往男家。新郎请来的领头人带头,接新娘的人员跟

迎亲

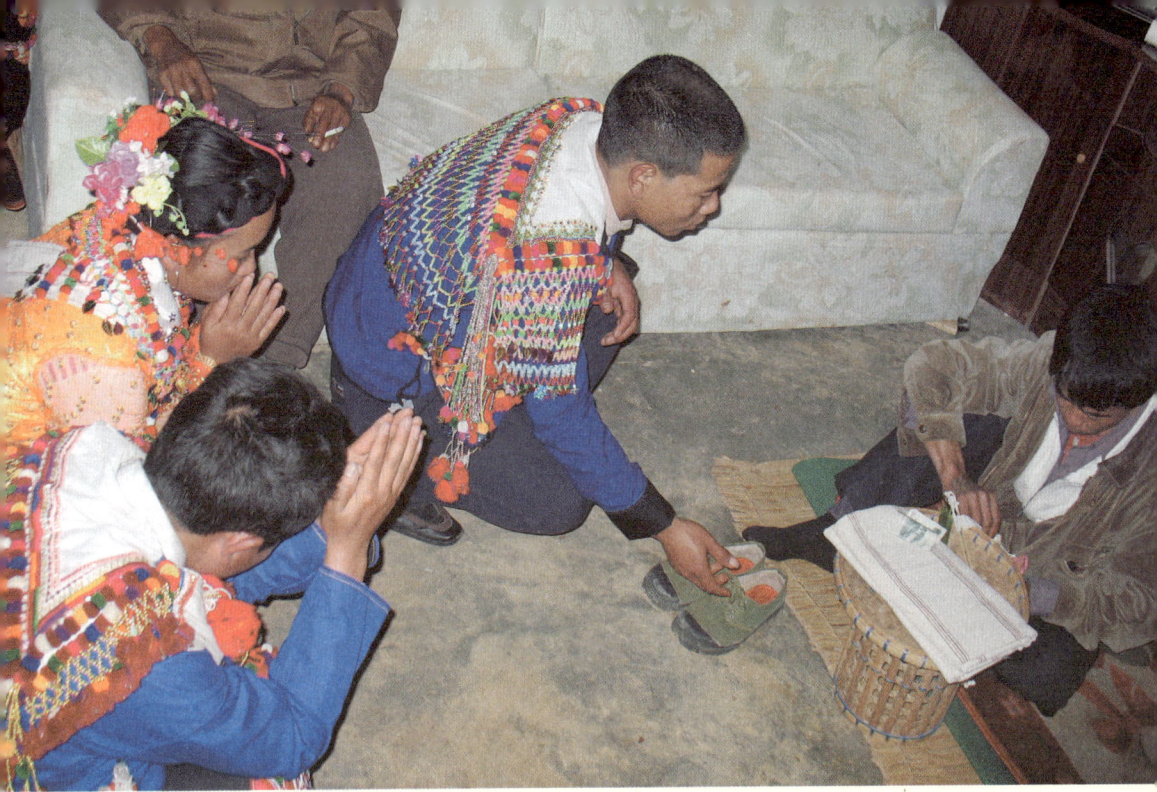

敬老人

唱，为新郎要白包头，感谢新娘父母的养育之恩和成全婚事而歌唱：

  岳父岳母房屋高，大门屋檐又宽绰。
  女婿今日把门踩，来向岳父要白彩。
  女婿头上戴白彩，永做您们好后代。
  火塘长辈都拜到，老老小小礼别少。
  茶水敬老念个好，草烟送友别忘掉。
  说声父母安歇好，长辈朋友再见了。

  新娘接到新郎家时，新娘在两个伴娘的搀扶下踩着一块专门置于楼梯下的垫脚板蹬上竹楼，象征男女双方感情如磐石之固。新媳妇上竹楼时，婆婆守候门口，手提竹篮，向新媳妇洒谷花，表示吉祥如意，然后领她进入新房。

  由男方事先请好的老"安长"（本民族老知识分子）主持婚礼，"安长"念经并请求佛祖赐给幸福，祝新婚夫妇白头偕老。婚礼仪式告毕，男方举行盛宴，招待亲朋好友和来宾。宴会席上，新娘分别拜见男方长辈亲戚，敬送糯米粑粑、糖果。晚上，寨里的男女青年齐集新娘家的厢房对歌，唱"婚礼"调，往往要唱到雄鸡报晓方散。次日，新郎陪同新娘回娘家。若新娘是本寨子人，亦可当天返回夫家。

火土并行的丧葬习俗

德昂族丧葬礼仪各地大同小异，葬法有土葬和火葬两种。正常死亡者施行土葬，非正常死亡者则施行火葬。

凡是年迈的老人或是成年人正常病逝的，死者家属要在他临终之际将他移到火塘右方（头朝东方），并将房屋中间的隔壁竹篾笆墙拆除一半，便于横放尸体，同时家人用蒿枝叶浸水浴尸，剃头，换着新装，缠新黑布包头，穿戴完毕后，还要放少许碎银于死者口中含着，称为"喂银器"（德昂语"哈木香"），意为死者到阴间时做渡船的费用，再入棺，无殉葬物。棺木视死者家庭经济情况而定，富裕者请汉族或本民族的木匠做木棺，形式与汉族同。一般人家是砍一棵较粗的树，截下一段剖为两半，挖空中间，尸体放入后，再将两半合拢，用绳子捆紧。合缝用松香密封。特别贫困的人家用竹篾编制盛尸竹棺。入棺后，早晚要请佛爷念经，停尸家中一般不超过三五日，即请佛爷择日安葬，此后，死者家属不再上坟地扫墓祭祀。只是每年的进洼（关门节）出洼（开门节）或做赕的庆典中，死者家属把亡者的姓名交给佛爷，并向寺院上供品，请佛爷念死者的名字，表示唤死者前来享用食物。

火葬用于非正常死亡者，德昂族认为凡被人害死、跌岩死、被野兽咬死、孕妇难产而死等均是非常死亡，身上附有恶魔，都要抬到公共墓地，用柴火焚烧，把附于死者身上的恶魔烧死。

生产生活的禁忌习俗

生产上存在着的禁忌有，妇女不能跨越男子使用的生产工具，不能把镰刀、砍刀放在谷仓、饭甑、碗筷之上，否则，认为将来收成不好。

生活方面的禁忌许多反映了德昂族的价值观念和道德风尚，反映了德昂族对文明礼貌和秩序的要求，因而有许多内容保存至今。如主人客厅的家长卧床，除族中的老人和家长之妻能坐卧外，家庭中的其他成员和客人只能坐在火塘下方，以表示对主人和家长的尊重。禁止在竹楼内吹口哨、大声喧哗、唱

◀ 大青树

歌、吐痰、放屁；禁止跨越火塘和向火塘吐痰、扔杂物，禁止踩火塘上的柴火或擅自拿主人之物。宾客和亲友要从正门的楼梯走进竹楼，禁止横穿甬道，从正门进后门出，认为那样会引起纠纷或离婚的发生。但是小伙子串姑娘只能从后门进出。德昂族尊敬老人，走在路上要给老人让路，在老人面前动作要轻，忌讳摸老人的头等等。但是也有一些内容表现了歧视妇女的落后观念，如妇女不能坐在平日招待佛爷的位置上；妇女经过男子面前必须撩裙弯腰而过；妇女的衣物不能晾晒在男人经过的地方；妇女进奘房只能从侧门进出，不能走前门，只能坐在比男子坐的位置低一些的地板上，不能平起平坐等等，这些规定显示了德昂族社会男子地位高于妇女的地位，在这种不平等观念的熏陶下，德昂族妇女养成了温柔顺从的性格，这既是一种美德，但也限制了她们潜能的发挥。

　　德昂族有对大青树（榕树）的崇拜，每个村寨生长着数棵枝繁叶茂的大青树，成为德昂族寨子的象征。但是大青树只能栽不能砍，因为传说活佛飞来落在大青树上，然后佛爷才把活佛从大青树上请到佛寺里，认为砍了大青树会带来灾难。另外，每个寨子都有寨心和寨神，这些地方神圣不可侵犯，认为如果冒犯了会得怪病死去。德昂族对佛爷很尊重，进入奘房要脱鞋，不能摸佛爷、和尚的头，也不能踏上佛龛前的台板，也不能进入佛爷、和尚的卧室等等。

第六章
德昂族的
民间文化

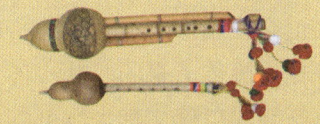

　　德昂族的民间艺术传承着这个民族朴实而宝贵的古老文化，承载着德昂族的历史文化和精神情感。在长期的生产劳动和社会生活中，德昂族人民创作了丰富多彩的民间文学作品，教育着世世代代的德昂人；他们用贴近生活的各种音乐和舞蹈形式，增强了民族认同感；古朴的民间手工艺术体现了他们自然而朴实的情感体验；简便易行的民间体育活动，与德昂族的日常生活紧密结合在一起。生生不息的民间艺术，闪耀着德昂族智慧的光芒，鲜活地体现在德昂族的记忆之中，哺育着一代代德昂人。

德昂族在长期的历史发展中,在与其他民族相互交往、学习和借鉴中,以自己辛勤的劳动和集体的智慧,创造了许多独具特色的、丰富多彩的文学艺术。

丰富悠久的民间文学

口碑文献的分类

德昂族没有自己本民族的文字,几百年来德昂族的历史文化和日常记事只能用心记,或"刻木""刻画"记,在宗教文化方面"祭祀、祭拜"只能借用傣文记载或用傣文传教。德昂族大多数优秀的文学作品都是通过口口相传流传下来的,其次还有以傣文记载的"经书"上的文学。德昂族的口碑文献大概可以分为四类:一是神话、传说、故事;二是诗歌,包括史诗、叙事长诗、抒情诗和风情习俗长诗;三是民歌;四是童话诗。

> **知识链接** 德昂族没有本民族文字。据《达古达楞格莱标》传说,几千年前德昂族曾经有过自己的文字,有"或是被火烧掉……或是被水冲掉……或是被大雁叼走"的说法。

民间故事、神话、传说

关于人类起源的:《达古达楞格莱标》《葫芦王》《葫芦的故事》《洪水的故事》;

揭露阶级压迫、追求人类美好幸福生活的:《小白兔与老虎》《白兔与豹子》《白兔战龙王》《白兔制土司》;

叙述德昂族泼水节和小乘佛教产生的:《神女浴》《达惹木干》;

爱情故事:《青蛙姑娘》《金鱼姑娘》《守地》《彩礼》;

日常生活故事:《三次奇怪》《笋叶伙子》《聪明的松鼠》《两个寡妇》《金凤凰》。

诗歌 史诗,最具代表性的是德昂族的创世史诗《达古达楞格莱标》,诗句优美、结构严谨、逻辑性强、文学价值高,也是研究德昂族远古历史的珍贵文献。

叙事长诗，多反映的是爱情故事，主要歌颂男女青年的忠贞爱情，赞美男女青年为争取婚姻自由所作的斗争，代表作有《雷弄》《腊亮与玉相》。《雷弄》通过约会、出门、途中、晚宿、赶集、归来等情节的叙述，歌颂了男女青年对自由爱恋的追求。《腊亮与玉相》却是把封建礼教下的买卖婚姻揭露得淋漓尽致，反映了男女青年追求自由婚姻的强烈愿望。

抒情诗，多数是反映德昂族独特的风情习俗。主要代表作有《孤儿歌》《芦笙哀歌》《求婚歌》《青春歌》《哭婚歌》《欢乐歌》等等。其中除了《孤儿歌》《芦笙歌》更具抒情诗的特点外，其余的基本上是在婚礼中助兴，衬托热烈气氛的抒情诗，又称民俗诗。

民歌　德昂族的民歌具有群众性，歌词几乎是触景生情，即兴而唱，内容广泛。其表现形式可归纳为山歌、对歌、调子歌、风俗歌、摇篮曲五类。曲调为一段体，在一段中有上下句结构、三句结构及四句结构。在四句结构中有起、永、转、合明确的调，也有起、转、承、合扇状对句型的曲调。从调式上看，有商调式、宫调式、徵调式和羽调式，均为五声音阶。德昂族民歌既用于男女青年互诉衷肠、倾吐爱慕，也用于表达问候和赞美之情；既用于赞颂劳动创造世界，也用于歌颂新生活、新事物、新景象等。

童话诗　德昂族的童话诗流传较为广泛的有《果索腊》《放牛娃》《口弦歌》等，其中，《果索腊》主要描述了小英雄果索不畏艰难，以自己的聪明智慧，与头人阿楠扎斗智斗勇，最后战胜了头人。

口碑文献的传承

德昂族没有代表本民族语言的文字，这些口碑文献古籍的传承方式主要通过歌手演唱、老人讲故事、佛爷吟诵、借用傣文记录等。

歌手演唱　德昂族的歌手是在群众中产生的，德昂语把这种专门的歌手称为"护散""贺寨"。梁河县的李板过、赵过保、杨忠贤、咩玉算（女），盈江县的万福、塞保，潞西市的赵腊翁、段玉南（女）等，都是群众公认的、享有盛誉的著名歌手。古往今来的歌手们演唱的歌，既有内容固定的，也有即兴创作的。因此，他们既是民间歌手和口碑文献古籍的传承人，又是口碑文献创作的优秀代表。

老人讲故事 德昂族的民间故事，主要靠老人讲故事进行口碑传承。解放前，德昂山寨一无学校教育，二无文娱生活的环境和条件，能听老人讲讲故事，也是一种精神上的最大享受。那时，无论白天还是晚上，无论是在大青树下还是火塘边，男女老幼总是围坐在老人身边，聚精会神地听他们讲故事。故事反复多遍，一些天资聪明的人，自然也就有了再现的能力，民间故事也就这样一代代得以传承。

青年人对歌 古往今来，德昂族一直有着男女青年对歌的习俗。这种习俗的延续，不仅使德昂族人从小就受到对歌潜移默化的熏陶，在歌海如潮的环境中塑造他们特有的对歌才能，还可以即兴发挥其创造才能，创作出更加优秀的作品。德昂族青年人对歌大体可分为两大类。一类是集体对歌，即劳动之余的山歌对唱，或婚礼和泼水期间的群体对歌，这种对歌不仅场面大，时间长，内容丰富，是传播口碑文献的最佳时机，也是青少年增长见识，学习技巧，提高创作的最好机会。另一类是个体对歌，更多是青年男女的谈情说爱。

佛爷吟诵 德昂族较大村寨的奘房，都有佛爷看守。他们都不同程度地接受过傣文的教育，并有一定的功底。他们靠借用的傣文记载了为数不多的神话、传说或叙事长诗，并借传统节日和民间节庆的机会，不分昼夜地进行吟诵。如此多次反复，使不少人又有了再现能力，并一代又一代地加以传承。

借用傣文记录 在与傣族的长期的友好交往中，好学上进的一部分德昂族青年人，不断地拜傣族知识分子为师，学习和掌握傣文。

傣文经书

为了不使本民族的口碑文献古籍失传,他们或全部借用傣文或用傣文字母拼写自己的语言,对神话、传说、长诗做了有限的记载,填补了古碑文献古籍传承中的不足。

优美细腻的民间音乐

德昂族是一个能歌善舞的民族,在德昂族人聚居区域,很多场合和仪式上都能听到音乐和歌唱,比如节日庆典、祭奠神灵、谈情说爱、婚姻嫁娶、丧葬祭祀等等民俗活动中,这些音乐是德昂族人民在长期的生产生活劳动实践中自创的。

民歌

德昂族传统音乐内容广泛,曲调繁多。按民间传统分类可分为情歌(苦情歌)、山歌、婚礼歌、儿歌(摇篮曲)、仪式歌、祝福歌、祭祀歌等七大类。每个大类又可以分为若干个小类或若干个唱法不同的调子,多达几十个曲调:念诵佛经时用的"诵经调",节庆酒宴时演唱的"赛柯"调,对唱时演唱的"格楼当"等。演唱形式风格多样,内容丰富,包括开天辟地、人类繁衍、民族迁徙、祖先业绩、歌舞起源、传说典故、道德规范、生产经验、生活常识等等,可谓是德昂族社会生活的百科全书,代代相传。

◀ 对歌

诵经调 念佛诵经时的唱调。主要在德昂族节庆日时，由佛爷或安长念诵。所诵佛经的内容主要与拜佛、赕佛、浇花节等祭祀活动，以及祈求死后转世等精神信仰有关。主要应用于浇花节、关门节、开门节、烧白柴、做摆、堆沙等宗教祭祀场合。诵经调由佛爷或安长念诵。规模有大祭与小祭之分，大的祭祀，诸如浇水节、关门节、开门节等祭祀，一般由大佛爷或佛爷与安长共同组成诵经组，轮流共诵大组41本经书。其中，第一组名为《目腊林板》(3本)、第二组名为《敖弄》(8本)、第三组名为《月散》(13本)、第四组名为《把汤》(5本)、第五组名为《摩兴》(6本)、第七组名为《洛勒》(6本)。

赛柯 在节庆、酒宴或人们初会、相聚的场合即兴吟唱。此类民歌在德昂族村寨十分流行，在各种节庆、酒宴，或人们初会、相聚等社交场合，由成年歌手即兴应对和盘诘，词义深奥，知识广泛，深受群众欢迎，并乐于学习和掌握。

格楼当 意为"对调子"，演唱方式与场合与赛柯相似，有较规范的格律和不同的歌词内容。按德昂族传统习惯，知名的歌手们唱"格楼当"之前，还必须唱上几句开场曲，致几句谦词，或对歌手本人、歌群成员及歌名作一点介绍和引荐，久而久之，让年轻的一代也能够逐步接受和喜爱，继而成为不同类型的歌手。

春醒 婚礼仪式歌，由男女歌班在不同婚礼仪式阶段对唱。对唱时，先由一方歌手率先领唱，众人模仿跟唱。这也是一种独特的音乐传承方式，通过领唱和跟唱，让这种传统歌曲传承下去。

芒格拉 也称祝福歌，在婚礼、盖新房等喜庆的场合演唱。浇花节时，晚辈们向长辈们行"洗手洗脚礼"时，长辈们要对晚辈们吟唱，以示勉励和祝福；婚礼时，新娘新郎要离开女方家告别时，新娘父母及氏族长老们要吟唱以表祝福。

阿坡翁 德昂族在山间田野演唱的民歌，可由男女单独对唱，也可由男女各成群体相向而歌。演唱内容广泛，可根据环境即兴编唱。这类民歌一般以单一乐句变奏为基础，由三至四个乐句组成乐段结构，采用徵调式或羽调式，既带有为许多民族古老民间音乐所共有的较单一曲调的形态，又发展成为相对固定的曲式结构类型，具有传统叙事歌的特点。其旋律绵长平稳，吟诵性强，多为下行级进；节奏舒展徐缓，一般音域仅在五六度之内，具有平腔山歌的特点。其歌词一般含有谈情说爱、采集渔猎生活或游乐玩耍等方面的内容，可根据环境的需要即兴编唱；常以五字句为主，或长短句相间；音乐与语言节奏结合紧密，字多腔少。

哭婚歌 新娘将要离开自己的家人、朋友嫁入夫家，对亲人的留恋、对朋友的惜别都在如诉如泣的歌声里。新娘唱后，她的家人也要合唱，饱含对新娘的不舍与祝福。

婚恋歌 属德昂族的情歌，是其民族文化中的情感系统的集中反映，同时也是德昂族婚恋传统在情感方面的呈现。代表性作品有《你变菜，我变锅》《串》《喜相逢》《我的心儿飞进了筒帕》等等。由于德昂族是重视以感情为婚姻基础的民族，有着开放的恋爱观，因此，其婚恋歌不仅数量多而且颇具民族特色。其情歌显得较为奔放、直露；其感情真挚、强烈，毫不羞答、掩饰。《喜相逢》《只要你是真心实意》歌中将比兴的手法运用得恰到好处，很好地将男女内心深处炽热而略带几分羞涩的情感表达了出来。德昂族无论是集体对歌，还是单独对歌，对歌的话题都比较广泛。会编善唱的德昂族人民，善于以丰富的想象、生动的比喻和朴实而简洁的语言，或触景生情，或借物咏志，或直抒内心的真诚感情。对歌的词语变化无穷，曲调动听。他们心里怎么想，口里就怎么唱，有的则不直接说出自己内心的情感，而是运用比喻的方式来表达。

曲艺"格丹"

德昂族的曲艺流传范围较窄。其曲种"格丹"，主要流布于德宏州内的德昂族聚居区和缅甸联邦斯泰一带的德昂族村寨。"格丹"的表演一般在婚礼中进行。由两位知识渊博的民间艺人，分别代表新郎新娘双方进行演唱。演唱中夹带着说白，十分风趣活跃，演唱的主要曲目有《达古达楞格莱标》《历史调》《竹楼上的赞歌》《腊亮与玉相》等，中华人民共和国成立后，演唱的内容和形式都有很大的发展，内容已不局限于古歌，表演也由坐唱发展为走唱或舞唱。

乐器 ▶

乐器

德昂族的乐器主要有两类：一类是打击乐器，包括抬鼓、坐鼓、长鼓、圆鼓、水鼓、铓、镲磬等；一类是管弦乐器，如布赖、比总、结腊、马腿琴、口弦等。

抬鼓 敲打时由三个人组合而成，两人抬鼓，一人边击鼓边表演。鼓身长两米有余，鼓框由一段椿木或芒果树挖制而成。头大尾小，头面直径约50厘米，尾面约30厘米。头尾革面为黄牛皮或羊皮，鼓身用皮条连接，可调鼓面紧松。发音雄浑深沉。

坐鼓 有专制的支架固定而击。鼓身约两米，两头鼓面的直径相差无几，均用黄牛皮或羊皮蒙面。鼓身用牛皮条连接，用于调节鼓面的松紧，发音浑宏。

水鼓 ▶

水鼓 德昂语叫"格楞当"。其鼓框用一段椿木挖制，长约100厘米，头大尾小，两端革面为黄牛皮或羊皮，鼓身亦用皮条连接，用以调节鼓面紧松，鼓身中部有一直径约2厘米的小孔，演奏前将水或酒灌入，以湿鼓身，获取较好的音色共鸣。德昂族流传着一个关于"水鼓"的来历传说：德昂族在劳动时，他们发现了空心木头，下雨后积满了水，碰撞时发出乒乓、乒乓动听的音乐声。因此，德昂族在繁重的劳动之余，顺手拾起木棍敲打作乐，独特的音韵听来很开心。

铓 与象脚鼓配合使用的重要打击乐器之一。传说古代的德昂族是个兴旺发达的民族，当时有自己的王子，有一个象征民族强盛的大铓，上有7个乳头，敲击时声震山河，后因其他民族不服，抢走了大铓，偷埋了起来，从此德昂族就逐渐衰落了。

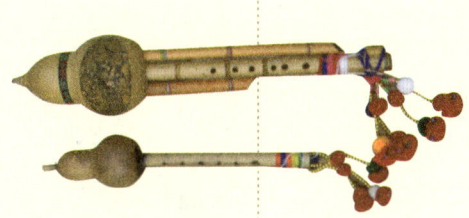

布赖

布赖 竹制吹管乐器，汉族称"葫芦箫"，由葫芦和带簧的竹管组成。布赖的簧过去曾用银片，如今多用铜片。一般分单管、双管、三管和四管几种，多使用双管，主管粗，副管细。一般有大、小两种型制，大者约38厘米，小者约33厘米，均在主管设七孔（前六后一），乐曲有"拍坡翁"（进门调）、"拍养"（进门调）等。布赖音色清朗柔和，委婉细腻，长于表现抒情柔美，带歌唱性旋律。

比总 竹制吹管乐器，汉族称"箫"。此类乐器由主管和副管组成，主管长27~40厘米不等，上端留节，距节约0.8厘米处内侧挖空，嵌锐三角形铜质簧片，簧杠两侧各嵌一竹片，中间留长1厘米、宽0.2厘米的夹缝为吹口。管身设六个按孔（前五后一）。副管直径为0.5厘米，近节处嵌簧片，管上不留按孔，只发一音，多用于吹奏山歌音调以及爱情和自娱自乐内容。

马腿琴 弹拨乐器。琴身长约57厘米，多用整块刺木挖制，中部开若干圆形音孔，背板呈弧形，琴颈不设品位，张三根金属弦。演奏时将琴斜抱胸前，左手扶琴颈按弦，右手食指绑一小竹片为拨子，在音孔下方弹奏。用左手食指控弦打银、指勾弦……音色时而清脆明亮，时而娓娓如诉。右手演奏时，音响又似涓涓细流，撩人心肺。加上它容易制作、携带，便于学习和演奏，很受德昂族小伙子欢迎。

风格浓郁的民间舞蹈

德昂族的舞蹈,主要是集体舞,也有双人对舞。这些舞蹈多在节庆活动时表演。其舞蹈种类主要有:抬鼓舞、长鼓舞、坐鼓舞、圆鼓舞、水鼓舞、花篮舞、竹竿舞(亦称骑马舞)等。

◀ 龙阳舞

▲ 浇花舞

抬鼓舞

主要流行于居住在陇川县的德昂族中,多在庆典、节日时进行。舞时,由两男子取长竹竿抬着披有刺着花纹鼓衣、插着鲜花的大鼓,一击鼓者手持两根鼓槌,于大鼓右侧一边击鼓一边舞蹈。大鼓后面有大镲及7面大小不等的铓伴奏。在气势恢宏的伴奏下,由青年男女组成的舞队,分女内圈男外圈踏着鼓点尽情舞蹈。入场时为"一"字型,然后转圈,以"光"舞的形式围成圆圈,反复不断地舞动7个动作,直至结束。

长象脚鼓舞

德昂族的长象脚鼓舞分两种舞型。一种是流行于梁河、盈江两县的德昂族居住区的长象脚鼓舞,为击鼓者和击镲者对跳或两个击鼓者对跳。舞蹈分为"四方步""孔雀开屏""双凤朝阳""鸡啄谷子"等类型。舞蹈时插有拳术、棍术等表演,特色十分浓郁。另一种是流行于潞西市三台山德昂族自治乡的长象脚鼓舞。先是鼓手边击鼓边舞蹈。铓手和镲手在鼓手的左右两侧或一侧一边击铓、镲,一边舞蹈。尔后,由男女老幼组成的舞蹈队围成大圆圈,跳起德昂族传统的"欢乐舞",统称为"长象脚鼓舞"。舞蹈由"取水""浇水""丰收""祝福"等舞步组合而成。舞蹈时还穿插有武术、拳术、刀术、棍术等表演,气氛热烈隆重。

◀ 象脚鼓舞

短象脚鼓舞

德昂语称"格楞",鼓身长约1.3米,头大尾小。头面直径约25公分,尾面直径约20公分,分头部、颈部、身部、尾部四部分。制作用料、方式及使用的方法与长象脚鼓相同。敲击短象脚鼓时,所跳的短象脚鼓舞,也是一种自娱性的舞蹈,可以分为大、小短象脚鼓舞。大短象脚鼓舞,德昂族语称为"筚格栋",主要流传于梁河县、盈江县的德昂族居住区,是德昂族古老的传统舞蹈,几乎所有男子都会跳。短象脚鼓舞动作幅度大,双脚弹跳,屈伸变幻,刚中有柔,尽显粗犷豪迈的男子刚劲气质。舞蹈的动作韵律依鼓点的变化而变化。这种舞蹈一般由鼓手与镲手对舞,铓做伴奏;也有鼓手与鼓手对舞的,其伴奏乐器主要有2~3个铓。舞蹈动作可分为"起步舞""四方步""脚步舞""孔雀开屏""双凤朝阳""鸡啄谷子"等舞步。鼓点节奏均为2/4拍,鼓、铓落在重拍上,每小节打鼓一次。其特点是:重拍落在上步转身提脚和收膝弯屈上,动作变化少,舞姿纯朴,膝盖屈伸轻柔。"四方步",分东、南、西、北四个方向,按"十"字形跳。

开始时先随意定一个方向,然后逆时针逐一转跳其他三个方向。其主要特点是:在舞蹈中,步伐有规律地变化重复,依照套路跳完一个方向后,转换一个方位,突出韵律的协调性,显现出对称性风格特点。同时,鼓、镲在三次交叉对绕时产生高低起伏的强烈对比,具有层次感强、造型优美的特点。"起步舞""脚步舞""孔雀开屏""双凤朝阳""鸡啄谷子"的动作与"四方步"的主要动作韵律相同,开始步与交叉换位步法一致。主要区别在于用右、左、右三次踏步蹲和跪蹲步来代替"四方步"的两人左脚相互交叉绕鼓的三次循环动作。具有步法变化多、步姿优美、动感性强、运动幅度大的特点。

圆鼓舞

主要流行于潞西市三台山德昂族乡。舞蹈为鼓手、铓手、镲手的三人舞或一鼓手、一铓手、两镲手的四人舞。鼓手将椭圆形鼓挂在的脖颈上,双手持鼓槌边击边舞,铓手和镲手合着鼓点,边敲边舞。舞蹈中,有下蹲、侧身、起身、转身等各种姿势,动作十分优美。

水鼓舞

主要流行于保山市和临沧地区的德昂族聚居区。舞前,鼓手先将水或酒灌进鼓身中部的小孔内,达到特定音量时即将水鼓挎

水鼓舞

在脖子上,鼓在身前,人身向后倾斜,边敲边跳,再配以铓、镲等。其间鼓者的鼓槌与钹者的钹盘不时绕出奇妙的花式,配合默契,变幻多端,让人眼花缭乱。与此同时,其余众人则围绕成圆圈踩着鼓点载歌载舞,气氛十分热烈。

坐鼓舞

主要流行于德宏州和临沧地区的德昂族聚居区。所谓坐鼓,即不用抬、不用背、不用挎,而置于专制的支架上。舞前,先将坐鼓置于舞场中央,用焦泥糊于两头的鼓面上,焦泥的用量,以达到特定的音量为止。然后,配以直径约40厘米的大镲和直径60厘米的一至两面大铓做伴奏。舞蹈时,或甩臂、或仰身、或跳跃,或转身,边击边唱。铓、镲合着鼓点齐鸣,箫、马腿琴、口弦等齐奏,形成欢快、节奏感极强的舞曲。这时,成百上千的男女分成里外两个圆圈,男子在外圈,女子在里圈,踏着鼓点的节奏,一边转圈,一边舞蹈。男子跳时,有意提起肥大的裤脚,露出纹在腿上的花纹。女子则随着领舞者跳着"欢乐"舞。

佛鼓舞

佛鼓,意为"佛"之鼓,德昂语称"耿冷牙啪拉",是佛爷专门保管,并经佛爷批准才能使用的鼓。用佛鼓做伴奏乐器而跳的舞,叫"佛鼓舞"。主要流传在德宏州及临沧地区镇康县的德昂族居住区。佛鼓舞以前只能在佛爷晋升或迎接外类房(缅寺)的佛等重大宗教节日时方可击鼓并表演,表演者限于男子。舞者有敲佛鼓、击钹、敲铓共三人,在象脚鼓舞圈中表演,然而鼓点、动作与象脚鼓舞都不相同,象脚鼓舞气氛热烈欢快,佛鼓舞较严肃庄重。现盈江县弄璋乡南算寨有一座古老的佛寺,当地居住的傣族老人都称为"类庄崩龙",意为"崩龙(德昂)佛寺"。寺中还保留有一个珍贵的牛皮大鼓,鼓身为一大圆木,掏空去皮,长2.8米,腰粗4米左右,鼓面大头直径1.14米,尾面直径1米,鼓身外用白皮裹着。

▲ 象脚舞欢快地跳起来

花篮舞

主要流行于梁河、盈江两县的德昂族居住区。舞蹈以象脚、铓、镲为主要伴奏乐器。舞蹈时，男子手持竹筒于外圈，女子手托盛有鲜花和小竹水筒的小竹制背篮于内圈，或摇摆，或跳跃，或相互击掌，不停地绕着圆圈舞蹈。

竹竿舞（骑马舞）

主要流行于梁河、盈江、潞西市等地的德昂族居住区，是德昂族最古老的祭祀舞蹈，是村寨中德高望重而又长寿的人逝世时才跳的舞蹈。跳前先在灵堂前将四根细长的竹竿并放在地上，再由四人分两排相对蹲下，双手握住竹竿的两端。跳舞者由男子或未婚女子担任，腰系或脖挎马铃，以一声高吼为号，持竿者即各用双手一开一合击地碰击竹竿，跳舞者在竹竿分开合拢的瞬间上下跳动，并做出转体动作，双脚时起时落，也可交叉起落。有时单人跳，有时双人跳，跳舞者与持竿者协调配合，根据竹竿碰击的节奏变化，调整跳动的速度和高度。德昂族称这种舞为"把不浪"，"把"是"骑"的意思，"不浪"为"马"的意思，整体意即用马将死者送到西天。在守灵的三天，每天早、中、晚各跳一次。送葬那天则整日不停地跳，跳舞过程中无须乐器伴奏，只听铃声和竹竿碰击声。

八步舞

流传于保山市坝湾乡的"八步舞"为象脚鼓舞中的一种，多在宗教和大的节日庆典活动时于佛寺前的广场进行；男女老幼均可参加，围圆而舞。舞蹈风格古朴，出脚时，轻松和绵，微有屈膝；晃手时柔和地转腕，眼随手行；头眼手腰动向一致；翻身转体时迅速有力，幅度增大。

嘎森间

在梁河地区德昂族的语言中"森间"意为浴佛，"嘎森间"的意思是浴佛舞。嘎森间的舞蹈动作吸收了德昂族生产生活中的很多动作，分成新装舞、采茶舞、水鼓舞、拜佛舞、泼水舞、祝福舞、丰收舞、欢乐舞。舞蹈要求人数较多，以前寨中的青年人会集中学习嘎森间，现在大部分的青年人在婚前都在外面务工，跳嘎森间的主体人群发生了改变，从闲暇时间较多的未婚青年变

出冬瓜老寨
单人水鼓舞
李腊补

成了平时比较繁忙但有心传播民族文化的已婚中年人。2005年德宏州文化馆专门在李腊补老人教授的基础上加工改编嘎森间,增加了"坐虎奔山""猛虎下山""雄鹰飞翔"等动作,并组建了一支专门从事嘎森间表演、保护、传承的水鼓队。

20世纪80年代以后,文艺工作者创作或改编了很多德昂族音乐、舞蹈作品,主要有歌曲:《德昂姑娘下山来》《德昂姑娘像朵花》《崩龙的欢乐唱不完》《这里居住这春天》等;舞蹈:《德昂山的水花》《德昂姑娘的笑声》《德昂的春天》《火》《梦幻少女》《织筒裙》等。

古老的民间手工艺

纺织

德昂语称纺织为"唠"。自古以来,德昂族妇女就能织出精简的"桐花布"。过去德昂族用棉花、苎麻等原料进行纺织,也

排线

织布 ▶

用缅甸进口的羊纱，或自己种植棉花，或采集野生木棉。

棉纺织的工艺过程有多道工序：首先是弹棉花，然后把棉花摇成线，把线绕成一支一支的然后进行染色。以前染色一般用红木树叶、野姜、蓝靛等，现多到市场上购买染料。染色时，把染料放在锅里煮，颜色煮出来后，再把线放进锅里一起煮，一般煮两三遍，直至不褪色为止。颜色染好后，开始织布。一般情况织一块布需要两三日，一个裙子要用两块布，做好一个裙子需要4~6天时间。纺织的棉布多用于缝制挂包或筒裙等。德昂族自织的棉布、麻布等质地厚实，经久耐磨，所制筒裙柔软下坠，色泽花案具有本民族的特色。

纺织工具主要有轧棉机、绕线机、纺线机、织布机等，均用木料制成。现在镇康县南伞镇硝厂沟的德昂族所用的织布机为传统腰机，是用皮腰带、木梭筒、压线板、竹夹子、纺织棍和竹木搭成的机木架组合。

雕刻和绘画艺术

德昂族的雕刻和绘画艺术，主要表现在与生产、生活及宗教信仰密切联系的有关方面，如银雕、石雕、木雕等。

银雕制品有项链、耳坠、手镯、腰箍、烟盒、石灰盒及衣服上的各种筒坠、银泡、银扣等装饰品。图案多是对称的双手、双鸟、双凤、花草之类，制作精美，是具有收藏价值的艺术品。

邦外铁匠场所

编竹器

木雕、石雕多见于释迦牟尼像，奘房里的土、木浮雕。如"广母"塔四周的塔壁、门窗、挂枋、板壁等，以及各种兽类石像群。德昂族妇女身上的腰箍也体现了其雕刻艺术，宽窄不一的腰箍都刻有花草、动物的图案。图案雕刻一方面是反映在古建筑上，如潞西佛寺中的挂枋、板壁上常见的浮雕；另一方面则普遍反映在日常用品上，在德昂人的腰箍、耳坠、银手镯、银烟盒、衣服等用品上大多绘有图案。图案多为对称的双手、双鸟、双虎、花草之类。

德昂族的绘画主要体现在他们的幡旗和幔帐中。

编织竹器

德昂族居住的地方很适合竹子的生长，盛产"龙竹"，干粗梢长，直径一般在四五寸以上，两千年来一直为著名特产，史书称之为"濮竹"。它既是建筑材料，又是家庭用具和生产工具的制作原料，肥嫩的竹笋还可食用。德昂族还用竹子作为编织竹器的原料，主要由男子承担竹器的编织工作，还有专门编织竹器的老人，能编织各种精美的生活用具如细花篮、饭盒、小贡盘之类。根据用

竹器

途，编织的竹器大体可分为以下几种类型：其一为篾笆类，可作竹壁、铺地板、火塘吊板和晒谷物之用；其二为谷箩类；有谷箩、背箩和花篮；其三为家具类，德昂族日常生活使用的家具大多数由竹子制成，如竹凳、竹桌、竹床、刀鞘、茶筒、筷筒等，均以剖细的竹条和藤篾条片编织而成。

刺绣和剪纸艺术

德昂族的传统刺绣艺术主要表现于妇女身上的饰物，而民间剪纸艺术主要表现于宗教、丧葬祭品。

德昂族的剪纸形式丰富多彩又极富生活化，主要在婚事、佛事、节日和丧事中充分展现。德昂族的剪纸方法主要有单色剪纸和衬色剪纸。形式以团花、围花、角花、三角旗圆锥状罩形为主。围花多为二方连继图样，角花构图采用对称纹，三角旗形多为均衡纹样。内容以花、鸟、虫、鱼、神兽、吉祥动物为图。风格秀丽明快，动感强，其花、鸟、兽塑造可爱、温驯，是典型的佛教艺术思想反映。

造纸

新中国成立前，德昂族有传统的造纸工艺，以细竹为原料，将细竹砍下后，浸泡在水沟中，等到竹茎腐烂后，砍成小节放在铁锅中煮，煮好后取出来，用木槌敲击成竹浆，最终制成白绵纸，可作书写经文账簿之用。由于此法费工费时，到解放前夕，纸多从外地输入，已停止制作。

民族传统体育活动

少数民族在与大自然的抗争中，为了适应与改造环境，久而久之，许多体育活动被创造出来了。有些传统体育项目本身具有强身健体、娱乐竞技的功能，被作为生产生活的重要部分保留下来。如今，在宗教仪式、婚丧嫁娶以及各种喜庆节日中，民族传统体育是不可缺少的内容。德昂族的武术起源很早，在瑞丽广卡和南桑两个德昂寨还一直延续着习武传统，每到冬季的傍晚，爱好武术的中青年男子就集中在寨中空地上，集体操练或单打独斗，互教互学。由于社会安定，民族平等，德昂族已不受外族欺负和掠夺，德昂族习武主要用于本民族强身健体和节日喜庆时的表演娱乐活动。德昂族武术含拳、棍（齐眉棍、双节棍、三节棍）、刀（单刀、双刀、弯刀）、枪。德昂族武术多为节日热闹场合表演项目，可强身健体，也供娱乐观赏。

拳术

德昂族武术有梅花拳、左拳、四门拳、白昼拳、磉子拳和单刀等，其特点是出击勇猛利索。梅花拳始于明末，因是在7根酒杯粗、半米高的梅花型桩上练习起拳踢脚而被称为梅花拳。左拳是德昂族灵活多变的拳术，习惯先用灵活多变的武术套路迎战对方，趁对手不备时，最后使出左手出击的绝招而彻底获胜。因此德昂族有左手定输赢之说。

德昂武术

拳术和器械具有防守严密、出击利索、坚韧勇猛的特点。梅花拳始于明朝末年，并一直沿袭至今。

刀术

崩龙刀，历来精美别致，种类也较多，长短不一，一般长50厘米左右，刀刃直形，多有双血槽，刃前宽后窄，最宽处为6厘米，靠柄处为4.5厘米，刃尖呈斜形。柄有木质、骨质和角质三种。此器械既是生产工具，又是练武兵器，大小和形状与军用手榴弹的弹头相似，重半公斤左右。一端系有10厘米长的绳圈，用时将绳圈套在手腕上，五指握住锤体藏于袖内，能出其不意地打击敌手。现在的刀术表演是用自制的木质双刀进行表演。其表演的套路有其技巧灵活与刚柔并济的雄健特点。从双刀术的表演可以看出德昂人对民间武术发展的不懈追求和热爱。

棍术

"棍术"是德昂人经常进行的一项传统体育项目之一，虽说是一项老少皆宜的运动，但是，具有一定功力的德昂老人却让青年人不敢小看。棍术表演时，表演者先是徒手上场打一套花拳热身，继而接过木棍耍将起来。动作潇洒自如，一招一式，有板有眼。时而飞腿屈膝，时而闪转腾挪，那矫健的身姿真可谓老当益壮，不减当年。

"双节棍"也是德昂族民间武术中的一个项目，但是，德昂族人所进行的双节棍运动很有特点，虽然运用了传统武术的一些动作，但其经祖辈代代相传下的套路，通常没有传统武术技击性较强的勇猛激烈，更多的则是一种舒畅自然的矫健。它通过伏身飞跃、蹲跳闪转、上下翻飞的动作，以及一系列大起大落、朴实无华的套路，来完成双节棍的演练。在三台山乡村寨的表演现场，既有锣鼓喧天的即兴伴奏，也有众多站脚助威的乡民们的热烈喝彩。

扭棍

德昂族的民间体育活动开展得十分普遍，有的项目不仅器械简单，而且活动起来也很易行简便。比如"扭棍"这项活动就深受德昂人的喜爱。它的起源来自德昂族人民的生产实践。德昂人大多习惯用圆圆的竹棍当作挑东西的扁担。而这挑担的竹子却逐渐演变成了一种民间体育活动的器械，从而创造了"扭棍"这项活动。也许是盛产竹子的原因，在云南像景颇、傈僳、怒族等众多的少数民族中大都有"扭棍"的比赛。

德昂族青年经常利用闲暇时间，进行二人扭棍对垒的打擂比赛。比赛时，二人分别攥住竹子的两端，各自朝着相反的方向用力扭转。谁能攥住竹子的一头，并连续转动，使对方攥不牢竹棍的另一端者即为胜利。这项运动不仅是对人腕力大小的挑战，更是对人意志和韧性的考验。在扭棍的竞技中，两个选手势均力敌的相持场面屡见不鲜。

"刀术""棍术"等项目都是德昂人在劳动闲暇或传统节日中经常表演的。这些项目与传统武术有不同之处，它们是武术与舞蹈相结合的产物。据说，这些项目的套路大多为德昂族先人的祖传。表演时动作优美流畅，既强健了体魄又带来了身心的愉悦。

打篾弹弓

早在古代，篾弹弓就为少数在民族战争、狩猎及生产、生活中所应用。德昂族的"打弹弓"用的弓也是用竹板制成的，弹丸却是用黄泥揉成直径1.5公分的泥弹，而且，他们还喜欢用竹篓装弹丸。德昂族六七岁以上的男孩儿都会使用篾弹弓，用其猎取鸟兽，吆打牛群，驱赶危害庄稼的禽兽，同时也是大家喜欢的体育器械。篾弹弓在德昂人生产生活中广泛运用，经常是几个青年人在一起相互切磋打弹弓的技艺，比试谁打得准，谁射得远。

> **知识链接** 2014年11月5日至6日，芒市三台山德昂族乡举办了2014年芒市三台山德昂族乡首届民族运动会，将篾弹弓、陀螺、捏棒、抵棍、扳手劲等传统体育项目纳入比赛项目，弘扬了民族体育文化。

第七章
新时期发展中的德昂族社会

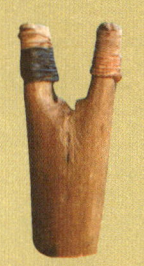

  自清代起,德昂族就作为单一民族存在。新中国成立以后,随着国家新的政治制度的建立和党的民族政策的贯彻执行,特别是20世纪50年代,崩龙(德昂)被识别为单一民族,成为中华民族大家庭中不可缺少的一员,在顺利实现了民主改革后,德昂族不仅获得了平等参与国家的政治、经济和文化生活的权利,而且自己的历史得到了尊重,文化得到了保护和发展,经济得到了扶持,教育得到了发展,科技得到了普及,医疗卫生事业得到了发展。改革开放后,在市场经济的刺激下,经济交往日渐开放和频繁,德昂族社会得到快速发展。在发展的同时,德昂族也注重对民族文化的保护与传承。

德昂族乡村政治体制的变革

德昂族作为单一民族形成于清代。明代和清代沿袭了元代的土司制度,虽然中间几经"改土归流",但直至清朝末年,土司制度仍然部分存在,土司制度对德昂族地区的政治生活产生了重要影响。土司对德昂族地区的统治是间接的,德昂族的村寨头人被封建土司委任为"达岗"或"达格"职务。"达岗"汉语称为"头人",其职权相当于乡长,下辖几个德昂族村寨。"吉岗"汉语称为"伙头",其职权相当于村长。傣族土司除了要求这些德昂族头人按时缴纳税款,对其他德昂族村寨的事务一般不过问。在封建土司的统治下,德昂族在政治上也有一定的独立性。

> **知识链接** 在云南地区实行的始于秦汉的羁縻州县制,到了元、明、清时期逐步演变成了土司制。

在国民党统治时期,现潞西市辖区范围被芒市土司、遮放土司和勐板土司管辖。1936年,国民党在潞西地区推行保甲制,建立乡政权,但是他们的势力难以深入到少数民族基层。土司在傣族地区设"亢",而在山区的汉族、傈僳族、德昂族、阿昌族等地区设置"练","亢"和"练"都相当于乡一级政权,设置"亢(练)头""亢(练)尾"或正副亢(练)职位,相当于正副乡长。亢(练)下设村政权,一般以一个村寨为单位,有的附属一至数个较小的自然村,设置"布幸""布借"约相当于保甲长。1936年以后,国民党在潞西推行乡镇制度,但地方传统组织的力量强大,"普通百姓只知有亢练,不知有乡镇"。

新中国成立以后,随着国家新的政治制度的建立和党的民族政策的贯彻执行,特别是20世纪50年代,崩龙(德昂)被识别为单一民族,成为中华民族大家庭中不可缺少的一员,并顺利实现了民主改革后,德昂族不仅获得了平等参与国家的政治、经济和文化生活的权利,而且自己的历史得到了尊重,文化得到了保护和发展,经济得到了扶持。

1955年,云南省完成了民主改革,实行近700年的土司制度才宣告结束。1956年，德昂族分为两个部分进行了民主改革，实现了向社会主义的过渡。一个部分是居住在坝区傣族土司、领主经济地区，即居住在保山、镇康和德宏傣族景颇族自治州坝区的德昂族，实行的是"和平协商土地改革"的政策；一个部分是居住在山区，即居住在德宏傣族景颇族自治州潞西、瑞丽、盈江、陇川、梁河、畹町等县市的德昂族，实行的是"直接向社会主义过渡"的政策。在后一部分德昂族中，尚保留有原始社会形态的残余，阶级分化还不明显。从此，德昂族开展了轰轰烈烈的合作化运动，走上了社会主义道路，翻开了一个新的历史篇章。

德昂族乡——
德宏傣族景颇族自治州芒市三台山德昂族乡

民族区域自治制度赋予实行自治的少数民族自主处理本民族内部事务的权力，在制度设计上保障了少数民族政治平等权利的实现。德昂族地区的农村基层管理体制，经历了建立区、乡人民政权，实行人民公社化和恢复乡的体制的若干阶段。1987年12月，云南省决定将区级行政改设为乡，原乡（镇）改为行政村（办事处），原来的三台山区改为三台山德昂族乡。三台山是中国境内德昂族最大的聚居区，也是德昂族建立的唯一的单一民族乡。1988年3月在云南临沧地区的耿马傣族佤族自治县，由佤族、拉祜族、傈僳族、德昂族联合建立军赛民族乡，但是该乡德昂族人口较少，只有325人。德昂族民族乡的建立，标志着这个人口较少的民族也行使了民族区域自治的权利。

> **知识链接** 除了三台山乡，还有一个是以佤族、拉祜族、傈僳族、德昂族四个主体民族为主的民族乡，也是云南省唯一由四个主体民族组成的民族乡。

三台山德昂族乡位于芒市中部，距市府所在地22公里处320国道两侧，是通往瑞丽、畹町等国家级口岸的重要交通要塞。全乡国土面积158平方公里，人口密度每平方公里41.65人。三台山是高黎贡山的西延部分，地形较为复杂、起伏较大，具备较丰富的资源优势。三台山乡辖勐丹、出冬瓜、允欠、邦外4个村民委员会，31个自然村，34个村民小组，其中德昂族有19个村民小组，景颇族有7个村民小组，汉族有8个村民小组，4个村民委员

德昂人采茶忙

玉米丰收

会,31个村民小组。

三台山乡气候类型属南亚热带低热丘陵气候,气候明显分为干、湿两季。年平均温度16.9℃,年降雨量1300~1700毫米,由于气候湿热,雨量充沛,土质肥沃,自然条件优越,是个宜农、宜牧、宜居的地方。

三台山乡在解放前处于原始公社和封建领主制并存的体制,新中国成立后直接过渡到社会主义社会,属社会形态的直过区,经济、文化基础非常薄弱。几十年来,为帮助当地群众发展经济、摆脱贫困落后的面貌,党和政府投入了大量的人力、财力、物力,给予了大力支持及政策倾斜,使这一地区的生产力水平较之以往有了一定程度的提高,社会教育文化事业也有了较大发展。1997年2月,经上级政府的支持和批准后,三台山德昂族乡人民政府于邦外村公所拱别社搬迁到紫胶园320国道旁,新乡政府距市府所在地芒市22公里。2000年,村改委后,三台山德昂族乡人民政府4个村公所统一改称为村民委员会,原农业生产合作社改称为村民小组。

为更好地搞好全乡的发展，三台山乡党委、政府确定了今后的经济社会发展思路：发展"民族文化、土地资源、区位环境"三大优势，围绕"粮食稳乡，旅游文化活乡，蔗、茶、畜富乡、林业强乡"的发展思路。认真实施好"科技教育、非公经济、美好家园"三大战略。积极打造"绿色食品、民族文化"两大品牌，做大做强"林业、甘蔗、茶叶、畜牧、旅游"五大支柱产业。

出冬瓜村

出冬瓜村位于三台山东部，距乡政府7公里，距芒市30公里，东与勐戛镇相接，南与本乡的勐丹村委员会为邻，西与本乡的邦外村相接，北与风平镇相接，东西最大横距离15公里，南北最大纵距离8公里。其中，出冬瓜四组（即新寨）位于320国道旁，其村委会距乡政府仅1公里左右。

出冬瓜村辖6个自然村，8个村民小组，总户数366户1 644人。德昂族内部则根据语言的不同而自称为"布雷""梁""汝买"三个支系。出冬瓜是花崩龙为主的寨子之一，自称"梁"。主要分布于5个小组，有230户1 030人，分别占总户数与人口的62.84%和62.65%，汉族3个小组136户614人，占总户数与人口的37.16%和37.35%。

出冬瓜一组文化活动室场院内的一块石碑记载了出冬瓜村名的来历：

据有文字可考的历史记载，现在的出冬瓜村是清朝年间从现在村子南面山上的老出冬瓜寨迁移至此址，当时带领大家迁移的领头人叫赵帅宝，搬迁至此后，当时将寨子取名为"曼登中"，这是傣语，意思是"红木树"村，因为当时此地上长有一棵红木树，故取此名。后来因为村里人不习惯这种叫法，很多外地人也都不知道，为了便于与外界的联系与沟通，人们还是习惯叫迁移前的老寨名——"出冬瓜"。当时迁移时全村有十余户，60余人，房屋全是茅草房，道路全是羊肠小道，至2009年8月，全村已有225户，921人，人均纯收入1 650元。村中的老红木树更加枝繁叶茂，已有230年的树龄。为了纪念建村228年，喜逢中华人民共和国建国60周年，特立此碑。出冬瓜自然村，二〇〇九年八月三十一日。

至于老寨名"出冬瓜"的来历，相传因为曾经路过此地的商人无意间留下了冬瓜的种子，结果此地出产的冬瓜个头大、数量多，因此被命名为"出冬瓜村"。

邦外村

邦外村民委员会位于三台山乡的西部，距乡政府8公里，距芒市33公里，东邻出冬瓜村，南邻勐丹村，西邻五岔路，北邻风平镇、轩岗乡。国土面积30.5平方公里，占三台山乡土地面积的22.5%。

邦外村共有7个自然村，7个村民小组，362户1 509人，其中德昂族179户823人，景颇族104户366人，汉族79户320人。德昂族内部则根据语言的不同而自称为"布雷""梁""汝买"三个支系。邦外是红崩龙为主的寨子之一，自称"布雷"。20世纪70年代邦外村共有52户崩龙族（德昂族），分别属于居荣劳、关、道普雷、勒路邦贡、居荣聂拉、阿拉特、亥和斯歪等氏族。每个氏族都有自己的汉姓，居荣劳汉姓为李，关汉姓为杨，道普雷汉姓为段，勒路邦贡汉姓为田，居荣聂拉汉姓为赵，阿拉特汉姓为来（赖），亥汉姓为叶，斯歪汉姓为王。而邦外村为居荣劳氏所建，关氏族继居荣劳氏族之后迁来。崩龙族主要头人有达改、达格来、达崩。达改是村落行政首长，后来汉族统治者委崩龙族固有的达改为伙头。达改一职在传统上由居荣劳氏族担任，因为居荣劳氏族是建寨者。达格来负责村落的公共祭祀，达崩负责村落的通信，后来监管派款工作，又称派头。直到现在，这几个姓氏在邦外一组仍有保留，只是其相应的规模已发生了改变，现在李姓仍然是邦外一组人数最多的姓氏，其次为段姓，两个姓氏占了全小组人口的60%以上，叶、赵、王、杨、赖、田等几个姓氏所占比例要小得多，而现在邦外的姚姓应该是后来才迁入的姓氏。

"邦外"一词，据当地人讲，有着一定的涵义。在德昂语中，"哥"的发音为[vai]，汉语音译为"外"；而"邦"则是"帮"，因此"邦"和"外"连起来就是"兄弟之间互相帮忙"的意思。

据20世纪50年代的调查，三台山的佛爷"以邦外寨的最有威信,这里有大佛爷一人,小和尚六人。大佛爷姓田,是本寨人,不但在德昂族中有威信,在周围几十里地的傣族、景颇族、汉族中也很有威信,每年秋收后,其他寨的人都要来拜佛。芒市坝、遮放坝等几十里地以外的傣族均常来找他(佛爷)打卦"。这种基于宗教的族际交往持续了相当长的时间。据邦外村村民回忆说,老佛爷在的时候,浇花节气氛很隆重,场面非常热闹,周围相邻的德昂族及几十里以外的傣族、景颇族、汉族都来邦外。

德昂族经济社会的发展进步

德昂族的先民生活在自然条件优越的滇西地区,这里气候湿润、土地肥沃,非常适合农业的发展,因此德昂族自古就是农耕民族。根据《三国志·蜀书·李恢传》记载,三国时期,蜀国就有"赋出叟、濮"的说法。《云南志》中描述了唐代德昂族的先民茫人生活地区"以土俗养象以耕田"。南诏时,南诏实行的"二牛三夫"的犁耕法和一些农业生产技术也在茫人地区得以推广。宋至元初,茫人(金齿)在农业生产中已经广泛使用铁锄等铁制生产工具,并且一些金齿奴隶主贵族还把战争中掳掠来的战俘充当奴隶进行农业生产。蒙古铁骑进军澜沧江以西后,金齿、白夷诸部相继归附元朝,元朝对德昂族直接进行封建统治,封建经济得到进一步发展,促使德昂族奴隶制趋于瓦解。元朝末期麓川傣族思氏在德宏地区建立起领主经济的统治,德昂族逐步成为德宏、镇康、耿马封建领主经济的一部分。明清时期,大量的汉族移民和军队的进入,对德昂族的经济生活产生了深远的影响。

在德宏地区的德昂族,水田、茶园和宅旁园地已为个体家庭所有,谁首先开垦归谁长期占有使用,到近代还可自由典当或出卖,但必须征求本村头人及家族的意见。本村还有公有的旱地,凡是属于本村范围的旱地,各家各户都可根据自己的耕种能力去开垦。旱地分为固定耕地和轮歇耕地(休耕地)两种。固定耕地占较少,多分布在缓坡或河谷地带,适宜种植玉米,但也需要轮换种植,即今年种植玉米,明年则要改成种植其他作物,以增强土地肥力。轮歇耕地占大多数，一般是一块地种三年后休耕轮歇，再经过十五至二十年的休耕期，待到这块土地又长满杂草时便抛荒，土地又恢复村社公有。

> **知识链接　德昂族历法与农事生产** 德昂族的历法是采用傣历，每年12个月，逢单月每月30天，逢双月每月29天，全年354天。每个月的名称及对应的生产活动如下：
>
> 　　傣历一月称冷金，即公历11月，主要的农业生产活动是打谷、砍柴等。傣历二月称冷木干，即公历12月，主要生产活动是盖房、修房、纺织。傣历三月称冷桑木，即公历1月，主要生产活动是驮柴、火烧等。傣历四月称冷细，即公历2月，主要生产活动是修水沟、整趟秧田。傣历五月称冷哈，即公历3月，主要生产活动是泡水田、撒躺秧等。傣历六月称冷贺，即公历4月，主要生产活动是犁田、浇花节等。傣历七月称冷结，即公历5月，主要生产活动是栽秧、犁旱地、撒旱谷等。傣历八月称冷别，即公历6月，主要生产活动是栽秧等。傣历九月称冷高，即公历7月，主要生产活动是薅秧、铲玉米地及关门节等。傣历十月称冷西木，即公历8月，主要生产活动是铲苏子、铲二道玉米地。傣历十一月称冷西埃，即公历9月，主要生产活动是收旱谷、收玉米、挖土及开门节。傣历十二月称冷西双，即公历10月，主要农业活动是收割水稻。

　　明朝三征麓川及万历年间征讨缅甸时，保山地区一些蒲人头目因无力支付赋税和差发而开始典当田地。到19世纪末20世纪初，德昂族手中的水田多已典当或出售。但因为德昂族生活贫困，绝大多数无力购买水田，加之大量汉族进入德昂族地区，傣族经济也向地主经济转化，地主经济也逐渐在德昂族地区渗透，所以，德昂族的水田大多典当或出售给傣族土司、领主和汉族地主、富农。

　　居住在山区的德昂族人民除了水田已基本典当之外，还可耕种一些村社公有旱地，但随着村社成员的增加，公有旱地已被反复开垦，水土大量流失，休耕期越来越短，地力无法恢复，产量很低，当天时好、雨量充足时有点收成，但旱地产量一般只有水田产量的三分之一，再多不过二分之一，如遇灾异，常常一无所获。而水田产量高，除特殊灾害外，一般说来产量比较稳定，因此，对缺少水田的德昂族来说，唯一的出路是佃耕水田和做雇工。尽管起早贪黑，绝大多数的德昂族人仍然是忍饥挨饿，食不果腹，生活极其艰辛。

中华人民共和国成立以后，党和国家实施了民主改革，对住在平地的德昂族实行"和平协商土地改革"的政策，对住在山地的德昂族实行"直接向社会主义过渡"的政策。这两种政策的实施，废除了土司、领主、地主、富农土地所有制，德昂族得以继续耕种旱地并获得了水田的耕种权。然而，由于受自然条件和发展水平的限制，德昂族的生产方式还是比较落后，基本上处于"靠天吃饭"的粗放型耕作状态，毁林开荒、刀耕火种的生计模式仍然盛行。社会主义改造完成后，德昂族逐步学习兴修水利、科学种田等技术，经济水平获得一定的提高。但在集中制的计划经济体制下，德昂族经济发展的积极性和民族地区的潜能受到抑制，经济交往活动中仍体现出较明显的封闭特点。改革开放后，在市场经济的刺激下，经济交往日渐开放和频繁，德昂族的经济得到快速发展。但是，由于历史和自然条件、人口规模等多方面的原因，使德昂族的经济发展与当地其他民族相比存在明显的结构性差异。

生计方式

德昂族的先民很早就从采集狩猎步入农业社会，农业生产多采取个体家庭为单位的生产模式。德昂族的农作物以种植旱谷、水稻、玉米为主，其次是甜荞、小麦、瓜豆、甘薯等类杂粮，同时也种植经济作物，主要为茶叶、竹子、甘蔗、橡胶等。无论是耕种水田还是旱地，男女劳动都有一定的分工，一般是男子承担砍伐森林、犁地、收割等农活，妇女承担栽秧、纺织、抬水、煮饭等家务劳动。

刀耕火种的耕作方法是德昂族人比较原始和典型的耕作方法，主要用于旱地的耕种。每当农历冬月便将大树砍倒，次年三月，放火烧荒，以灰做肥，用木棍或竹节尖播种，用草盖坑，每窝撒三四粒玉米或七八粒旱谷，苗出长大，薅一次草，即待收获。

近年来，粗放型的耕作方式逐渐改变为精耕细作的生产方式，引进了优良的水稻品种，运用科学的农业技术和知识来进行田间管理，如使用除草剂除草代替了以前的人工除草，使用化肥增强水田的肥度，使用农药整治田间害虫，使水稻少受虫灾等，这些技术和知识的使用，大大提高了粮食的产量和质量。过去在旱地因山高水低，储水功能微弱，主要栽种玉米、黄豆、旱谷等作物，并采取轮歇耕作的方式，一般要轮歇9~10年后才能继续栽种，而近年来随着甘蔗、茶树等相对能适应干旱环境的经济作物的种植，轮歇的时间大幅减短。

采集和渔猎也是德昂族农闲时间进行的重要的生产活动。

采集 每当雨季来临，野生植物生长旺盛，德昂族妇女便开始采集。采集方式分个人采集和集体采集两种。采集的种类有水生植物，如水沟中的鱼腥草、薄荷之类；块根中的野山药、茅焦根、董棕根等；野生植物的叶、花、茎、果，例如野枇杷果、苦子里等，还有各种菌子、野竹笋等，凡属可食之物均在采集之列。到了近代，这些采集物除自己食用外，还拿到市场出售。

捕鱼 德昂族男子捕鱼的方式很多，有的用鱼笼子捕鱼，有的用鱼网捕鱼，有的用围塘排水的方法捕鱼。

▲ 弹弓

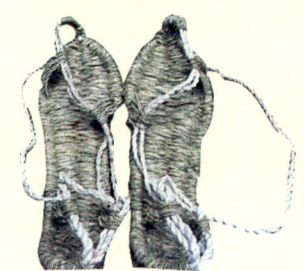

◀ 以前德昂人狩猎时穿的自编草鞋

狩猎 由于德昂族崇信佛教是全民性的，因而，德昂族人极少出猎，即使狩猎也是为了保护庄稼、农田，防止野兽、雀鸟践踏祸害。在春节期间，也有人结伴上山，群聚围猎马鹿等动物，猎具多为弓弩、篾弹弓和火药枪。

手工业活动

德昂族的手工业活动以纺织、银、铁、木、石器的制造为主，在历史上曾达到相当的发展水平。德昂族的手工业一直以来都未脱离农业而独立存在，处于家庭副业状态，且仍处于原始的手工劳作阶段，几乎没有固定或专门的作坊，仅是在农闲时节进行的一种辅助性劳动。手工业产品除了留作自己使用外，还用于在市场上出售或以物易物。

德昂族的妇女都会纺织，是德昂族的主要手工业。她们以棉花、木棉、芒麻等作为原料进行纺织，织布耐磨，色彩绚烂。

德昂族也从事传统的手工业活动，擅长制造银器、铁器、木器和石器等。德昂族银匠制造的银饰品比较出名，较大的德昂族村寨中总有二三户铁匠。在德昂族居住的地区，留下了很多代表

▲ 制作象脚鼓工具

制作象脚鼓的工匠

其手工业水平的艺术品和遗址,如潞西市原风平佛寺中佛完上的龙凤浮雕,德宏傣族景颇族自治州境内由德昂族先民建造的石拱桥、水井、石板路、石塔等。德昂族很早就用土法制陶,潞西市三台山乡邦外寨的德昂族出土了一批古老的陶器。

德昂族挎包

德昂族逐步发展的教育事业

德昂族分布在远离经济文化中心的边远山区,由于历史、地理等方面的原因,教育发展非常缓慢。中华人民共和国成立之后,在党和政府的帮助下,德昂族的教育取得了巨大的发展。德昂族的教育形式分为传统教育和现代学校教育两种,传统教育的主要形式有:家庭教育、宗教教育、社会生活中的教育。

家庭教育

德昂族家庭担负着几种社会职能:一是组织家庭成员根据不同的社会分工进行生产活动,以维持一个家庭的温饱和生存;二是完成人自身的再生产任务,繁衍后代;三是进行家庭教育,完成本民族的文化传承。家庭是对孩子实施教育以使他们成为合格的德昂族人的主要组织形式。

镇康地区德昂族父系大家庭公社延续至20世纪50年代初。父系大家庭"克勒"（德昂语）的长辈们，几乎担负着德昂族后代们从出生到成年的所有教育任务，他们是孩子的终身教师。父系大家庭的成员，共同生活在一个干栏式竹楼"董拉"（长屋）里，"董拉"多数是从祖父到孙子四代同堂。父系大家庭中各个小家庭的孩子既受自己父母的教育，也接受"格尼阿贡"（德昂族大家庭的家长，由德高望重的长辈担任）的教育。这种大、小家庭的双重教育，使孩子得到更全面的发展。随着父系大家庭逐渐瓦解，取而代之的是规模较小的父系小家庭。小家庭成为人们社会生产生活的基本单元，这时培养下一代的主要任务也就必然地落在了各小家庭父母的身上。

宗教教育

受傣族影响，德昂族笃信南传上座部佛教，村村寨寨修佛寺。佛教作为一种最重要的文化观念，长期以来与德昂族社会政治、经济、文化、教育等各领域相互影响，相互融合，支配着德昂族社会生活的方方面面，是其传统文化的核心。佛寺是僧侣活动、从事宗教活动和信徒们拜佛祈祷的场所，同时还是青少年学习佛教文化的

◀ 奘房内

中心。德昂族的男孩到了7岁左右，即可入寺做学僧（嘎比），接受佛寺教育。教育内容大多是佛教经典。学习的主要科目是傣文、缅文、泰文、佛学、历史、文学、算术甚至包括本草医药、剪纸绘画、婚丧嫁娶礼仪等。20世纪50年代前，德昂族没有学校，佛寺教育对乡村的文化教育事业有相当的影响，占有一定地位。很多德昂族的文化人都出自奘房教育。

社会生活中的教育

社会生活中的教育是在家庭教育基础上，在村落和社区群体

生活中，对本民族成员进行的广泛而深刻的教育活动。社会教育活动泛化于各种社会生活中。佛教节庆活动仪式，经济生活中的交换与馈赠，婚、丧、嫁、娶之间的礼尚往来，生产活动中的集体行动等都是具体的社会教育形式。通过这些形式将德昂族的历史文化传统、宗教信仰、价值取向、道德规范和各种观念传递给下一代。

中华人民共和国的建立，是德昂族教育发展的一个重要分水岭。之前，德昂族的教育是一种为原始社会末期的社会生产和生活服务的全民的融合于生产和生活中的非独立性的教育。之后，随着社会形态的跨越式发展，与之相适应的教育也开始由传统教育向社会主义学校教育过渡。德昂族教育贯彻国家民族教育的一系列方针政策，逐步建立起以实施"普适性"教育、体现主流文化的教育意识、代表主体文化的发展走向的现代教育。一套包括学校教育、成人教育、职业技术教育及其他相关教育的教育体系，成为德昂族接受主流文化的有效途径。德昂族教育的这种跳跃式发展特点对其社会文化发展产生了重要的影响：现代教育的稳步发展使得德昂族的文化程度有了提高，打破了社会封闭性，德昂族的政治参与性、经济参与性不断提高，德昂族党政干部、教师、医务工作者、工人、专业演员、农业技术员、商海精英、外出务工人员等越来越多，村民们物质生活获得改善。这一切都对德昂族传统文化发生着重大影

◀ 三台山勐丹村小学

响,在现代教育的直接冲击下,德昂族的传统教育出现了弱化的趋势,宗教教育基本消失,家庭教育日趋淡化。

中华人民共和国建立以后,德昂族教育开始由传统教育向现代的学校教育过渡。德昂族自治村三台山村解放前没有一所学校,学校教育是一片空白。1950年5月潞西县人民政府成立后,立即对该地区过去的教育进行调查摸底,6月办教师讲习班,学习党的政策方针,布置开学事宜。1951年在潞西县委的关心领导下,县委工作队员陈绍才在三台山拱别村创办了三台山第一所景颇族小学,招收了24名学生,同年戈再义老师在邦外村开办了德昂族小学,招收了12名学生。国家对学生给予特殊照顾,伙食全包,书籍免费,发给衣服被褥等。有了这样的办学基础,加上边疆日益稳定,区乡政权建立,内地支边教师增多,1956年在潞西县委和三台山文化站的指导帮助下,卢广用老师在三台山勐丹村开办了勐丹德昂族小学,初次招收了26名学生。这两所小学是现代教育正式进入德昂族的标志。

政府在大力倡导教育、开办寄宿制学校的同时,积极开办工读学校。1957年,三台山生产文化站为大办农业生产合作社,急需一批社干部,经潞西县委县政府同意,在中共德宏傣族景颇族自治州委的指导下,于1957年在三台山文化站西南面三公里处的帮批山上组建了一支青年垦荒队,招收了15—18周岁的青年文盲,24人编为一个班,以学习农业生产技术为主,学习文化知识为辅,计划学制二年,培养具有一定生产技能和一定文化知识的社队干部——社长、会计、记分员等。1959年2月,文化站党委将其发展为"三台山工读学校",实行"以读为主,以工养读"。在校生102人,景颇族学生占多数,德昂族学生占少数。学生脱盲后,大多数成为合作社干部,德昂族学生毕业回乡后有的被群众选为会计,勐丹村赵腊普被选为社长,这批人把学到的办社方针政策、财物管理知识和农业先进技术带回寨子里,受到群众欢迎。"大跃进"时期,县文教科在帕底、弄丘等地创办了一大批工读学校。1960年7月全县工读学校发展到28所。但开办数月,因各学校普遍占用农业合作社的财产,在纠正"一平二调"问题时,必须清退给合作社,学校逐渐减少。1962年经过调整,只留下三台山、西山、东山、中山、李子坪5所山区工读学校，学校以生产为主，文化课设政治、语文（民族语文和汉族语文）、算学（含珠算）和生产技术等科。1962年5所学校有德昂族学生2人，随着工读学校的进一步发展，德昂族学生不断进入工读学校学习。县文教科总结了三台山工读学校的办学经验，肯定办学成绩，把它称之为"边疆的一朵山茶花"。三台山工读学校的发展过程向我们证明了一个真理，采取工读的办法办学，是很适合边疆情况的，方向是十分正确的。由此，三台山工读学校的经验被推广到全州各地。

除了工读学校，各有关部门又大力培训各种手工业工匠；选拔德昂族优秀青年到各级民干班、民干校、民族学院学习，建立民族公安部队等培养民族干部；不断组织节日活动交流，培训牛马帮等一系列活动，使合作社经营管理队伍基本形成，民族干部迅速成长。封闭的状态逐渐被打破，整个民族的旧有的观念开始出现很大的变化。

教育是一定政治经济的反映，社会政治经济活动也必然会反映到学校教育中来。德昂族和其他民族一样，都经历了全面建设社会主义时期"大跃进""文化大革命"等不同的运动。政治制度的一波三折也带来了德昂族教育事业发展历程的复杂性，这期间德昂族学生的生活补助费被取消，耕读学校停办，适龄儿童入学率下降，对德昂族现代教育的发展带来了很大影响。

进入20世纪90年代以后，国家对教育越来越重视。特别是对少数民族的教育，出台了很多扶持性政策，促进德昂族教育的快速发展。在国家的支持下，学校教育快速发展，基础教育形成了一定规模，"普六""普九"已基本落实，德昂族整体文化程度获得提高。就德宏州全州的德昂族情况来看，德昂族村寨共有小学41所（包括完小和教学点，其中有半寄宿制学校3所），在校小学生2 120人。1999年，全州德昂族小学生入学率为95.29%，巩固率为96%，毕业率为94%，小学升初中升学率为90.8%，基础教育取得了可喜成就。2000年，德昂族教育和全州其他各民族教育一样基本实现了"两基"。2005年全州共有德昂族小学在校生1 206人，初中在校生599人，普通高中在校生28人。2001年以来，省和国家先后实行"三免费教育"和"两免一补"政策，投入资金3 300余万元，其中德昂族义务教育阶段学生基本上都得到了救助。2007年度三台山乡小学入学率达99.66%，中学毛入学率达89.87%。教师队伍建设也取得了一定成绩，2000年全乡有教师104人，德昂族教师占22.2%。教师的文化程度也有所提高，在小学教师中，中专毕业的有34人，高中毕业的有4人，初中毕业的有2人，在中学教师中大专以上文化程度的有18人，中专毕业的有4人，近几年来政府积极为教师创造进修机会，提高文化素养、业务素质，如三台山乡利用上海对口帮扶资金及志愿者服务，加强教师与外地的交流，不断提升教师的业务素质。通过各方共同的努力，德昂族教育事业有了长足的发展。

科技和医药卫生事业

在传统经济活动中，劳动者的体力大小起了重要作用，而在现代化的生产活动中，劳动者的受教育程度和对科学技术的熟练程度才是推动经济发展的关键因素。在长期的生产劳动实践中，德昂族积累了丰富的生产生活经验。由于德昂族聚居地区地处偏僻，交通不便，信息闭塞，难以接触到科学技术，生产主要靠传统经验。但是，随着现代社会的发展，市场经济不断向边疆少数民族地区渗透，社会分工越来越精细，仅靠德昂族传统的生产经验已不能适应社会的发展。现代科技的推广和普及显得尤为必要。中华人民共和国成立后，各级政府非常重视德昂族地区的科技工作，通过科技宣传和科技推广工作来推动当地经济文化发展，为德昂族群众服务。

在农村基层单位，科技宣传和推广工作主要由专业性的农业技术服务部门来承担。在潞西市三台山乡，目前从事这类活动的机构有科委、农机站、农技站、农经站、林业站、茶叶办、甘蔗站、兽医站、水管站、农科所等10家单位。为了加强对科技工作的领导，1999年，三台山乡成立了科技培训工作协调小组，根据中央《关于加强科学技术普及工作的若干意见》和《关于加速科学技术进步的决定》的精神，把科技培训作为乡村建设的重要内容，作为提高干部、群众科技文化素质和脱贫致富的重要措施来抓，并且每年从扶贫资金中拿出1万元专门用于科普宣传和科技培训工作。

近几年三台山乡所开展的科技普及工作主要有：(1) 在农业种植方面，推广"旱育稀植技术"，推广面达80%，使水稻亩产增加20~30公斤。(2) 在养殖方面，实施了云南省畜牧扶贫项目，通过饲养母猪，解决了当地仔猪缺少的问题。(3) 在农村能源建设方面。在上芒岗村建沼气池示范村，全村有42户，其中有36户建设了沼气三配套设施（沼气、卫生厕所、猪圈三结合）。

但是，由于德昂族受传统观念、经济实力等因素的影响，使科学技术的推广并不那么顺利。在观念上，一方面，群众的科技意识薄弱，没有意识到科技潜在的经济效应，另一方面，长期以来形成的小农思想浓厚，见识少，怕担风险。在语言上，科技人员下乡进行科技宣传和技术普及时，对汉族讲解一遍就领会了，而在少数民族地区，还要经过再三的翻译，接受起来慢，在翻译的过程中有些东西被扭曲了。在经济实力上，有的项目需要前期资金的投入，德昂族因为拿不出配套经费投入而无法实施某些科技项目。

德昂族居住的地区，属于印度洋季风影响下的季雨林区，气温湿热，雨量充沛，适合各种植物生长，同时也是各种疾病丛生和易于流行的地方。古籍上曾把这里记载为"蛮烟瘴雨"之地。历史上，这个地区的疟疾、霍乱、鼠疫等流行病发病面广，每次发疫都要夺去众多人的生命。当时，德昂族地区的医药卫生条件差，面对这种情况，多数是求神拜佛、跳神看卦，或上奘房赎佛驱鬼以求除病驱疫。

德昂族聚居的地方适宜多种动植物药物的生长，有起源于远古的野生稻、野生蔗等稀有植物。野生动物有马鹿、金钱豹、巨蟒、猴面鹰、穿山甲等。中草药药用植物有千余种，如重楼、牛膝、吴茱萸、三权苦、通光藤、杜仲、黄连、草乌等。德昂族的草医为了治疗病人，利用野生药材探寻草药配方，经长年累月的实践，积累了许多治疗疾病的经验，创造了自己独具特色的民族民间医药，积累了一些具有本民族特点的诊疗方法等，以及一些简、便、效、廉的单方和验方，通过口头传承的方式流传至今。经统计德昂族民间常用药物有百余种，单方、验方有60余剂。

德昂族村寨一般都有一两位懂得草药知识、平时爱采集草药的老人或民间草医。他们虽然不是专职医生，但是亲朋邻里生病时常请他们问诊，所得报酬有钱、米、菜或草烟，送多送少他们都不计较。草医技术大多系祖传，没有横向交流，因此水平也有限，仅能治疗头痛脑热、跌打损伤之类的小病，对于较大的病症如鼠疫、伤寒、霍乱、疟疾等是无能为力的。德昂族草医对疾病的诊断及民族草药的加工炮制方法比较简单，对疾病的诊断是采用观察和诊脉，药物使用方法主要是煎煮敷涂等。

感观法：是由草医细看病人面部或皮肤是否发黄、消瘦、全身无力、小便黄、肚痛，不想饮食等病症。

《德昂族药集》书影

号脉法：通过号患者脉搏断病。若脉搏微弱不起，说明有病。再通过揉手或揉脊背等方法加速脉搏的跳动，若经过这些方法处理后，脉搏跳动仍微弱，说明有肺结核等重病。

观察询问：看患者是否面部或皮肤发黄，是否有明显消瘦情况，请患者自述病情，询问是否有全身乏力、肚子疼痛和不思饮食等现象。

德昂族草医经过感观法和号脉法，还能诊断和治疗以下病状：刀伤、枪伤及酸痛等症、毒蛇咬伤、小便阻塞、身体虚弱、中毒、肺结核、肺气肿、肺炎、支气管炎、胃炎、胃溃疡、十二指肠溃疡、肺癌、肝癌等。

在中国科学院知识创新工程等项目的支持下，中国科学院昆明植物研究所龙春林研究员指导研究生唐贵华等开展了德昂族药用植物的民族植物学研究，调查整理了92种德昂族民间药用植物，隶属54科87属，其中有23种从未在任何德昂族药用植物的文献中记载过，并首次记录1种药用植物的新的药用特性。龙春林教授的研究组在民族植物学调查工作的基础上，还开展了德昂族部分重要药用植物的化学成分、药理学研究。

中华人民共和国成立之后，中央人民政府重视民族地区的医疗卫生事业，曾在20世纪50年代初派大批医疗队和防疫队深入少数民族地区开展防病治病工作，在加强县级医院建设的同时，大力培养基层医务人员。从1955年开始，潞西县在三台山、西山、勐嘎等地建立了区级卫生所，加强了基层医疗卫生工作，

1966年建立了大岗乡民办医院，1981年，潞西市在三台山乡成立了卫生院。目前三台山乡坚持以"预防为主"的方针积极开展卫生防疫工作，医疗卫生事业有了较大发展，共有卫生院1所、医务人员9人、村级卫生室4个、乡村医生6人。

德昂族文化的保护与传承

少数民族传统文化是一个国家，一个民族的象征，民族文化的传承与创新是促进少数民族地区文化建设及和谐社会建设的重要条件。作为我国少数民族且是人口较少民族之一的德昂族，其文化内容丰富，形式多样，风格独特。一直以来，政府部门和德昂族精英们采取了一系列抢救、保护措施，使德昂族的许多文化遗产得到了保护、传承和合理利用，文化艺术事业在继承绚丽多彩的传统文化和保持民族文化特色的基础上得到了巨大发展。

《水鼓舞》被列入省级非物质文化遗产保护名录

挖掘德昂族国家级非物质文化遗产

非物质文化遗产是民族智慧的象征，是民族文化的精华，是民族精神的化身，它承载着一个国家、一个民族或族群文化生命的密码。2008年4月，在被公布的第二批国家级非物质文化遗产中有德昂族的《达古达楞格莱标》和德昂族浇花节，这些都是德昂族优秀文化的代表。

《达古达楞格莱标》 茶是德昂族的图腾,几乎家家户户都种茶,男女老少都喝茶,走亲访友或者托媒求亲都有茶的参与,茶是德昂族生活中不可或缺的部分。德昂人把茶树当作万物的阿祖、人类的祖先,世世代代都对茶树加以崇拜。《达古达楞格莱标》是德昂族世代传诵的创世史诗,铭刻着德昂族最久远的历史记忆,也是德昂族迄今发掘、整理并出版的唯一一部创世史诗,汉语意为"最早的祖先传说",由赵腊林(德昂族)唱译,陈志鹏记录整理,载于《山茶》(1981年第2期)。史诗主要记述了人类的起源、创世造物的过程,结构严密,层次分明,情节复杂,除了具有较高的艺术价值,也为研究德昂族历史、民俗、文化提供了依据。其中独特地提出人类来源于茶树,德昂族是茶树的子孙,反映了德昂族先民与众不同的原始思维特点和价值观念。

《达古达楞格莱标》中体现的德昂族的起源,篇幅为1900行左右,从具体内容来看,全诗分为9个部分:1. 人的诞生、神的出现及由茶树创造了日月星辰;2. 茶叶诞生人类;3. 茶树兄妹在人间的磨难;4. 茶树产生了高山、平坝和江河湖海;5. 四色土的来历;6. 大地植物的来历;7. 各种动物的来历;8. 藤篾箍习俗的来历;9. 德昂族人民对先人的缅怀、感恩。长期以来,以其优美形象的语言,神秘莫测的情节,恢宏浩大的场面,独特浓郁的民族风格,博得文学界的好评,并为文学家的创作灵感注入了深刻的启迪。

德昂族浇花节 德昂族浇花节(又称泼水节),其来源传说有数种,但与傣族"泼水节"的传说不同。一种是古代时,天庭有七个仙女下凡,在湖水中沐浴,被崩龙(德昂族)人发现,即飞回天庭,仙女临飞时,告诉崩龙人说,若是思念她们,可塑佛像,每年替她们泼水沐浴;还有一种传说是:很久以前,一位德昂族寡妇,省吃俭用,辛辛苦苦把儿子抚养成人,却熬瞎了眼睛,母亲干活不如从前了,儿子非常不满,其母经常挨骂。有一次,这个忤逆的儿子在清明节后第七天在山上干活,看到雏鸟反哺的情景,心中有所感悟,决心好好侍奉母亲,这时,他母亲正在向山上走来,为儿子送饭,不小心滑了一跤。儿子赶来扶她,她却以为儿子要来打她,一头撞死在树上。儿子痛悔莫及,把树砍下来雕成一尊母亲雕像,每年清明后第七天都要把雕像浸到撒满花瓣的温水中清洗。另一种是释迦牟尼佛为关怀天下民间疾苦,见老天久旱不雨,便告诉崩龙族,每年在堆沙节,各信徒提一桶水,泼于佛身,天即降甘露以拯救百姓;最后一种是释迦牟尼佛飞回天庭时,留下经书,要求崩龙族百姓每年举行堆沙节,给佛泼水,佛会保佑崩龙族人民清洁平安,五谷丰登。

德昂族的泼水节是把佛陀诞生、成佛、涅槃三个日期合并在一起举行的纪念活动,为期三天,是德昂族一年中最重要的节日。多在公历4月中旬左右举行,于清明节后第七天开始,具体时间由老人或佛爷决定,没有固定的日期,一般持续五天。在节前,所有信徒要准备丰富的赕品,做糯米糖粑粑,制造旋转喷水筒,搭小佛寺,赶制新服饰等。

第一日,搭小佛房。全村成年信徒在寺院前广场搭盖一座两层木竹结构、高三米左右的小佛房,以作浴佛的临时佛房。佛房中间放置转水花筒,正上方架设一条约两米长的龙槽,龙头下凿一孔,以插转水花筒,筒四周铺上一张圆形竹桌,用来安放小佛像。外面架起另外一根长六七米的龙槽,和佛房内的小龙槽交叉衔接。

第二日,采花。全村男女信徒前往山中采摘鲜花,青年要敲象脚鼓、铓锣在前引路,采回鲜花后,将其装饰在桀房上。

第三日,泼水。全村信徒准备竹筒、水桶等泼水工具,齐集小佛房前,听佛爷或安长诵经。诵完经后便开始用清水浴佛。接下来的日子里青年人不定时地去附近的水洼取水浴佛,一天两三次。之后,男女间即可互相泼水祝福,广场中锣鼓声声,村民们提着盛满清水的水桶,抬着脸盆,互相追逐,你泼我洒,祝福对方清洁平安。

第四日,堆沙。堆沙是在寺院前广场边上,建一座七级木塔(拱母),塔高二至三米不等,四周围以竹笆呈圆状,每台木塔内,都凿孔穴,穴内藏经典和各家名单,祈求佛赐给平安,长命百岁。并赕品佛寺一二块银元,作为功德。最后每户提一桶细沙,倒于拱母竹笆棚内,再供以各色幡旗、香柱、蜡条、米花、芭蕉之类。

第五日,祭寨门。当日中午时分,每个信徒各备一个木槽,上盛清水,以布蘸水擦身。洗毕,放少许白米于槽内,请僧侣诵经。诵经完,由两人抬一个木槽送往东方,两人送往西方,祈求佛爷给予全寨清洁平安，脱离苦海。下午，要在寨外的大青树下，竖两根长竹竿，竿下堆细沙，请大佛爷前往诵经，祈求寨内清洁，不能让恶魔闯入村寨伤害人畜。

节日后。在节日后的三天之内，子女要给家里的长辈洗脸洗脚，以报答父母的养育之恩。寨子里的人会上奘房给老人洗脚，并帮助老人把守佛的东西搬回家来。到此，整个浇花节就结束了，意味着新的一年开始，人们进入了正式的生产劳作中，整个村子便恢复往日的平静。

为确保德昂族非物质文化遗产得到更好的传承，还举办非物质文化遗产传承人培训班，培养新一代德昂文化传承人，传承非物质文化遗产，宣传保护工作。

收集保护德昂族古歌

德昂人自古至今在婚丧嫁娶、做摆（宗教活动）期间都要唱歌。根据不同的场合，有不同的内容，唱不同的调子，多为即兴而唱。民间业余歌手代代相传，演唱本民族起源的传说、故事、历史变迁等，人们称之为古歌。德昂族古歌旋律优美并带有淡淡的忧伤。然而，随着外来文化的冲击，目前能唱会唱古歌的民间艺人已经为数不多。通过寻找德昂民间歌手和民间艺人传唱德昂古歌，并举办德昂古歌培训班，组建德昂古歌文艺队，保护德昂族古歌，促进德昂古歌的传承发展。

青年男女对唱

筹建中国德昂族博物馆

中国德昂族博物馆始建于2007年9月，是云南省7个人口较少民族文化遗产保护与传承重点工程之一，于2014年7月9日落成开馆。博物馆由主展馆、动态表演馆及手工艺展示馆、电子展示厅等部分组成，占地面积760.28平方米。馆内收藏了民族藏品、展板300多件，包括出土文物、生产工具、生活用具、服饰纺织、民间工艺品、古籍文献、节日文化、宗教艺术等，向世人揭开了德昂族文化的神秘面纱，对拯救、挖掘、保留、传承德昂族语言文字、农耕传统、宗教信仰、饮食服饰等，具有重大的现实意义和深远的历史意义。

◀ 德昂族博物馆

成立德宏傣族景颇族自治州德昂族研究学会

　　为了更好地开展研究和推动德昂地区政治、经济、社会、文化和生态等各领域的发展，提高德昂族群众思想道德素养和科学文化素质，2014年6月14日，德宏傣族景颇族自治州成立了德昂族研究学会，其前身是云南省民族学会德昂族研究委员会，学会的宗旨是团结和带领德昂族同胞，拓展学术研究领域，深化学术研究成果，宣传推广和普及社科知识，努力挖掘、发扬、传承和保护德昂族优秀传统文化，为推动德昂族地区各项事业的发展、促进德宏边疆民族地区经济社会持续健康和谐发展发挥积极的作用；加强德昂族政治、生活习俗和群众诉求等方面的调查研究，积极协助各级党委、政府宣传党的民族政策，正确处理民族宗教事务；大力培养德昂族后备人才，抓好德昂族非物质文化遗产的收集、整理和保护工作，深入挖掘民歌、民谣和民族舞蹈，积极创作能够反映德昂族生产生活和群众喜闻乐见的音乐、舞蹈和文学优秀作品，丰富中国德昂族博物馆文物内容，为德昂族地区经济社会发展营造强大的文化氛围。

> **知识链接**　德宏傣族景颇族自治州德昂族研究学会的前身——云南省民族学会德昂族研究委员会对德昂族政治、经济、文化、社会、历史、教育、科技等方面进行了深入的探索和研究，还以宣传发扬民族歌舞文艺、民族餐饮文化，展示少数民族民俗风情为重点，大力扶持民间艺术队、民间餐饮文化发展，为加快德昂族地区各项事业的发展提出了许多有价值的意见和建议。

第八章
德昂族人物故事

　　从古到今,在德昂族历史上,出现过许多杰出人物。他们为民族团结、社会进步发挥了积极作用,做出了突出的贡献,受到了德昂族人民的尊重和爱戴。在他们当中,有抗击来犯之敌、维护国家统一和民族团结的勇士,也有刻苦钻研,在文学、艺术、体育等方面取得突出成就的人,还有传承保护与推动民族文化的民族精英们。

反抗傣族土司
起义领袖——塔岗瓦

塔岗瓦,生卒年不详,德昂族,云南潞西人。19世纪初德宏地区德昂族、傣族起义的领袖。

从14世纪中期开始,盈江一带的德昂族地区在新兴的芒市傣族土司的统治之下。到了清嘉庆年间,傣族土司蛮横地强占了德昂人的许多田地,从而激发了德昂族人民的反抗。清嘉庆十九年(1814),塔岗瓦带领德昂族组织武装起义。他们提出了"官家不公平,杀死官家解不平"的口号,声称"不把土司杀得七零八落决不收兵"。义军的这一主张得到了广大傣族群众的强烈支持。不久,塔岗瓦就指挥义军攻破了芒市土司衙门。土司放过狼狈不堪地逃往永昌府向清军求援。起义军乘胜追击,一举击溃了负隅顽抗的土司武装。紧接着,他们又挫败了梁河傣族土司和西山景颇山官武装的多次进攻,从而牢牢控制住了芒市坝区。但清朝政府无视塔岗瓦和德昂族人民严惩傣族土司的诉求。不久以后,各地傣族土司武装、景颇山官武装和汉族地主武装就联手向义军发动了猛烈的围攻。塔岗瓦带领义军将士进行了顽强的抵抗。由于力量悬殊,义军蒙受了巨大的损失,半年多后,这一场正义的民族起义烈火最终被扑灭。

民国初期德昂族首领——千总

千总,生卒年不详,云南陇川人。民国初年陇川章凤区德昂族首领。1876年,英国人通过《烟台条约》打开了中国的西南大门。1885年,英国人进而吞并缅甸,开始大量蚕食中国的领土。英国人的无耻掠夺行径引发了边疆各族的强烈不满和抗争。

民国六年(1917),英国人乘民国新立、国人动荡不安之时,在陇川腹地章凤的曼缅山建立了自己的营地。陇川土司对这种行径进行了谴责,但英国人却蛮不讲理地声称:不管中国政府同意与否,他们都要建立营地。腾冲地方政府迅速征调了600人的地方武装前往陇川。然后又授意章凤的德昂族首领千总出面驱赶英军。千总调集了德昂族60岁以下的成年男子500多人,武装包围了英军营地。他带领手下的大小头目40多人前去和英军谈判。"千总"义正词严地向英国人宣布:"这是中国人的土地,你们没有资格占有!如果再执迷不悟,我们就要用长刀讲话!"英军眼见德昂族群众怒火万丈,在万般无奈之下,他们只好灰溜溜地撤回了缅甸。直到今天,在当地还保留着当年抗英驱英斗争中缴获的一面英国国旗。这是德昂族人民保卫祖国领土完整的爱国行为的见证。

德昂族第一位大学生——杨忠德

杨忠德,云南省梁河县人,1967年毕业于中央民族学院(现中央民族大学),是德昂族第一位大学生。先后担任过德宏傣族景颇族自治州文化局副局长、党委副书记、局长等职,并兼任文联副主席、州民间文艺家协会主席、中国少数民族作家学会理事、中国作家协会会员、中国歌谣协会会员、云南作家协会会员、云南民间文艺家协会理事。2008年,经世界民间文艺家协会最高奖"金鹰奖"——分项奖艺委会和评委会评定,杨忠德荣获首届(亚太地区)民间艺术家最高奖"金鹰奖"——分项奖终身成就奖荣誉称号。

作为德昂族的一个文化人,杨忠德对德昂族的文学和文化保护做出了巨大的贡献。他走访了德宏州的德昂族村寨,收集了德昂族民间故事1 000多则,叙事长诗6部。1983年,他主持出版了德昂族文学作品的第一部专集——《崩龙族文学作品选》,使德昂族文学在中国文学里占有一席之地。除此之外,他还积极宣传和研究德昂族文化,先后发表了《德昂族民歌格律》《德昂族民间文字》《古老茶农的礼仪》等文章,并主编了《德昂族大辞典》。

德昂族第一位厅级干部——赖永良

赖永良,德昂族研究会会长,现任云南省科协党组成员、副主席,他是德昂族首位到省直机关任厅级干部的干部,结束了新中国成立以来德昂族在省直机关没有厅级干部的历史。

赖永良参加"两会"

三台山的德昂族群众一直以来就住在高坡上,环境封闭,信息不灵。"交通靠走,通讯靠吼",群众吃水基本靠人背马驮,恶劣的自然条件严重制约着当地经济和社会的发展。1999年,中央民族工作会议作出了在万里边疆实施"兴边富民行动"的战略决策,省委、省政府也作出了进一步加强民族工作的决定,三台山乡被省民委正式列为省级"兴边富民行动"示范乡,迎来了新的发展机遇。赖永良至今难忘当年劝村民搬迁的事情:"当年我几乎是'逼着'乡亲们离开祖祖辈辈生活的大山。我告诉乡亲们,下山后,一是可以不再辛苦背水;二是离公路近,产品可以到市场交易;三是子孙后代可以不再重复我们祖辈的贫困了。最后,乡亲们终于被说服,高高兴兴地下了山。"短短几年间就建起了乡政府办公大楼、中小学教学楼、干部职工宿舍楼、群众安居房,茅草房、杈杈房变成了一排排青砖白瓦的新房。

德昂族第一位女诗人——艾傈木诺

艾傈木诺,原名唐洁,20世纪70年代出生,1988年习诗。

2007年云南民族出版社出版了她的第一本诗集《以我命名》，这也是德昂族出版的第一本用汉文创作的文学作品集。荣获全国第九届少数民族文学创作"骏马奖"，成为中国作家协会会员。

◀ 艾傈木诺

艾傈木诺的诗集《以我命名》记载了10年来她的创作历程。诗集由"以我命名""蝴蝶蝙蹁""苇花茫茫"3卷组成。第一卷抒写了"我"对故土乡亲刻骨铭心的情怀；第二卷通过蝴蝶的各种意象，抒发了"我"对生活的独特感悟和生命体验；而第三卷则是置身在纷杂大千世界中的"我"所感受到的真实，有关忧伤、有关疼痛、有关欣喜的抒情。

艾傈木诺的一些诗作，与许多少数民族诗人一样，带着明显的乡村抒情意味。当然，艾傈木诺也受到了当今一些诗潮的影响。她的一部分抒发私人情感的诗作便属这一类型。艾傈木诺的诗，叙事情结和画面感很强。同时，能够让人感受到不同民族文化的碰撞以及在她心底发出的回响。

▲
艾傈木诺的诗集《以我命名》书影

国家级"非遗"传承人——李腊翁

德昂族的文学主要是民间文学，形式多样，主要有神话、传说、史诗、寓言、笑话、诗歌等，大部分是靠口头流传下来的，有些是利用傣文或用傣文字母拼写本民族语记载下来的。高龄的李腊翁被称为德昂族的国家级"非遗"传承人。

李腊翁是一个驰名德昂族地区的名歌手，他的歌明快悠扬，情意绵绵，感人至

◀ 李腊翁

第八章 德昂族人物故事 147

深，具有独特的个人风格和韵味。在演唱方法上善于创新，他把歌唱、器乐演奏有机地结合在一起，拓宽了德昂族民歌的表现空间，体现了歌曲的艺术感染力。

1979年，李腊翁前往北京参加了"全国少数民族民间歌手、民间诗人座谈会"。回到故乡后，他创作了《我在半路等你》《你变菜，我变锅》和《德昂族情歌》等一系列洋溢着浓郁民族色彩的作品。其中的《你变菜，我变锅》后来还荣获"云南省少数民族文学创作奖"。同时，在第三批国家级非物质文化遗产项目代表性传承人推荐名单中，李腊翁的民间文学《达古达楞格莱标》赫然在列。

德昂族民间艺人——杨忠平

杨忠平，德昂族民间艺人，掌握着丰富的德昂族民间传统文化。他多才多艺，能歌善舞，精通民间声乐、器乐、舞蹈、口头文学和民俗礼仪，特别是对布赖和丁琴两种器乐，在传承中进行了发展。布赖和丁琴是德昂族的民间传统乐器，是德昂族青年用来表情达意的媒介，它是德昂族人民生活的重要组成部分。杨忠平演奏布赖和丁琴的技艺可谓是精湛高超，更为重要的是，他不但传承了父亲制作布赖和丁琴的技艺，还对丁琴的制作进行了改良，改良后的丁琴除演奏传统的德昂族民乐外，还能演奏更多的

杨忠平 ▶

知识链接 **丁琴** 德昂人独创的一种乐器，也叫龙头琴。琴身长约1.2尺，系有三根金属丝弦，共鸣箱呈椭圆形，因琴杆短和共鸣箱瘦长，突出了它自己的外形特征。共鸣箱不是整个都是空的，只是在长椭圆形的音箱里开了个长方形的槽，加之位于共鸣箱两侧的两个特有的小圆对称音孔，形成区别于三弦、月琴、琵琶等乐器的独特优美、柔和、清脆而动听的音色。丁琴虽然音色美妙，但因其音量小、音域窄而难以加入乐队行列，只流于自悦性乐器，是德昂族男女青年交流感情的最好乐器。

曲调，为民间传统乐器的发展奠定了坚实基础。

杨忠平曾多次应邀参加缅甸及德宏州各县市组织的各种演出活动和德昂族民间文体活动。2002年，他带着心爱的丁琴参加了德宏州首届民族民间歌、舞、乐展演，以器乐节目《赛可调》荣获一等奖。由于在保护和传承民族民间优秀传统文化方面做出的突出贡献，杨忠平被命名为云南省非物质文化遗产传承人。

德昂族的"百灵鸟"——尹香芳

尹香芳是保山市隆阳区潞江镇芒颜村大中寨的一个普通的农家德昂族妇女。虽然是一名普通农民，但是她酷爱音乐而且勤学苦练，从11岁开始就有了"小小演员"的称谓。2001年，她有志于弘扬和传承德昂族文化，战胜各种困难，成立了潞江德昂族民间表演队，并根据传统文化与习俗创作了一批原生态德昂族民歌和舞蹈。多年来，这支植根于本乡本土民族文化沃土的文艺表演队，以他们的创造性演出实践，既保护和传承了德昂族文化，又丰富了当地群众的文化

◀ 尹香芳

生活，促进了当地民族文化的发展。几十年来，她无数次参加文艺表演，并获得了保山（永昌）2000年民族民间歌会三等奖、云南省2006年酒歌比赛铜奖，2005年获省级"文化民间艺人"称号。

从2001年起，尹香芳连续3届当选为市人大代表，10多年来，她不懈地为保护民族文化做保护工作。2008年，《水鼓舞》《敬酒歌》列入了保山市非物质文化遗产保护名录。

参考文献

1. 德昂族简史编写组. 德昂族简史. 昆明：云南教育出版社, 1986
2. 郭净, 段玉明, 杨福泉. 云南少数民族概览. 昆明：云南人民出版社, 1999
3. 高发元. 德昂族——潞西三台山乡勐丹村. 昆明：云南大学出版社, 2001
4. 国家民委民族问题五种丛书云南省编辑组. 德昂族社会历史调查. 昆明：云南民族出版社, 1987
5. 黄光成. 德昂族文学简史. 昆明：云南民族出版社, 2002
6. 全国政协文史和学习委员会暨云南省政协文史委员会编. 云南特有民族百年实录·德昂族. 2010
7. 桑耀华. 德昂族. 北京：民族出版社, 1986
8. 王铁志. 德昂族经济发展与社会变迁. 北京：民族出版社, 2007
9. 张建章, 德宏州委统战部、史志办合编. 德宏宗教. 潞西市：德宏民族出版社, 1992
10. 杨忠德. 中国民族文化大词典·德昂族卷（手稿）
11. 俞茹. 德昂族文化史. 昆明：云南民族出版社, 1999
12. 桑耀华. 德昂族文化大观. 昆明：云南民族出版社, 1999
13. 张建章. 德宏宗教——德宏傣族景颇族自治州宗教志. 潞西市：德宏民族出版社, 1992
14. 中共德宏傣族景颇族自治州委党史研究室. "直过区"呼唤第二个春天——德宏傣族景颇族自治州民族"直过区"经济社会发展研究. 昆明市五华区教育委员会印刷厂印装, 2006
15. 云南省潞西县志编纂委员会. 潞西县志. 昆明：云南教育出版社, 1993

图片提供者

(按姓氏音序排列)

百度	第12页（上、中）	第96页	第81页	第75页
第12页（下）	第28页	第106页（两幅）	第82页	第76页
第13页（两幅）	第34页	第107页	第83页	第77页
第14页	第38页（两幅）	第108页	第84页	第80页
第16页	第42页	第109页	第87页	第88页（两幅）
第21页	第43页	第110页	第111页	第101页
第22页（两幅）	第47页	第118页	第112页	第104页（两幅）
第24页	第51页	封面	第115页	第105页
第27页	第54页（两幅）	封底	**袁丽华**	第113页（三幅）
第49页	第55页	**三台山乡新农村建设信息网**	第18页（两幅）	第122页（两幅）
第100页	第56页		第19页	第128页（三幅）
第115页	第67页	第49页	第33页	第129页（两幅）
第136页	第70页	**王燕**	第39页（两幅）	第130页
第137页	第71页（两幅）	第58页	第40页	第131页
第146页（三幅）	第72页（四幅）	第60页	第41页	第140页
第147页	第89页	第63页	第44页	第141页
第148页	第91页	第65页	第46页	第142页
第149页	第92页（两幅）	第66页	第48页	
李晓斌	第93页	第68页	第52页（两幅）	
第10页	第95页	第69页	第53页	

后记

从欣然接受《走近中国少数民族丛书·德昂族》的写作工作开始,我们就觉得编写这本书是一件很有意义的事情,一是可以把自己的研究成果展示出来,同时也把德昂族展示在世人面前,让更多的人了解他们的民族文化。

这套丛书为通俗读物,所以在写作的过程中,行文尽量通俗易懂,对学术界有争议的领域采用了主流的观点。虽然德昂族是一个人口较少的民族,但研究德昂族的文献却不少,如何在这些已有的研究成果基础上,简明扼要地把德昂族展示出来是写作过程中的难点之一。这套丛书要求图文并茂,虽然这些年自己也积累了不少关于德昂族的图片,但是真正图文相配的时候,还是发现会有捉襟见肘之感。正因如此,书稿完成的时间比预计推延了一些。

完成这个书稿,参考、借鉴和引用已有研究成果的地方很多,但因丛书体例不使用注释的原因未能在文中注明,本书所引用资料不能一一列出,只在书后列了参考文献,在此要向被本书直接或间接引用的作者们表示歉意和谢意。书中如果有闪光之处,无疑是与书中引用的这些德昂族研究专家们的辛勤劳动分不开的。本人学识所限,书中的错误与纰漏应由我自己一人承担责任。

感谢辽宁民族出版社的李欣老师,她负责与我联系以来,一直都抱着鼓励和包容的心态,使得我写作过程中的紧张情绪释然不少。此外,还要感谢李晓斌老师,本书的写作和出版得到了老师的大力支持和帮助,他经常就写作中的一些具体问题给予指导,使我们解除了不少困惑。还要感谢李晓斌老师给本书提供了大量一手图片!没有李晓斌老师的支持，我们是不可能将写作本书的愿望变成现实的。

　　本书的写作，还要感谢为德昂族的研究一直孜孜不倦的学者和德昂族同胞们，没有他们，本书的完成是无从谈起的。在此，笔者无以回报，只有不懈怠，希望自己在以后的工作中能够为德昂族的经济社会进步，民族文化的保护、传承与发展做更多力所能及的事。

袁丽华
2014年10月于昆明